漳州职业技术学院
国家示范性高职院校项目建设成果
课程与教学改革丛书

丛书主编：李斯杰

副 主 编：戴延寿

　　　　　　刘继芳

丛书编委会

主　　任：李斯杰

副主任：吴泰华　何小青　何金科　戴延寿

委　员：刘继芳　章忠宪　郑东生　廖传柱

　　　　　陈仪男　李志勇　林文杰　林绍中

　　　　　唐耀红　曹新林　薛奕忠　叶　腾

　　　　　张东明　邱添乾　李志明　张　艳

　　　　　叶　凯　刘小晶　黄向东

高等职业教育市场营销专业学习领域课程教学用书

市场调研工作页

刘继芳　编著

厦门大学出版社
XIAMEN UNIVERSITY PRESS

总　序

当前，提高教育教学质量已成为我国高等职业教育的核心问题，而教育教学质量的提高与高职院校内部的诸多因素有关，如办学理念、师资水平、课程体系、实践条件、生源质量以及教学质量监控与评价机制等。在这些影响因素中，不管从教育学理论还是从教育实践来看，课程都是一个非常重要的因素。课程作为学校向学生提供教育教学服务的产品，不但对学生培养的质量起着关键作用，而且也决定着学校核心竞争力和可持续发展能力的高低。

"国家示范性高职院校建设项目计划"的启动，标志着我国高等职业教育进入了一个前所未有的重要的改革与发展阶段，课程建设与教学改革再次成为高职院校建设和发展的核心工作。漳州职业技术学院作为"国家示范性高职院校项目建设计划"的第二批立项建设单位，在"校企合作、工学结合"理念的指导下，经过两年的理性探索与大胆尝试，其重点专业的核心课程从来源到体系、从教学模式到教学方法、从内容选择到评价方式都发生了重大的变革，在一定程度上解决了长期以来一直困扰职业教育中课程设置、教学内容与企业需求相脱离，教学模式、教学方法与学生能力相脱离的问题，特别是在课程体系重构、教学内容改革、教材设计与编写等方面取得了可喜的成果。

漳州职业技术学院的六个示范性重点建设专业采用目前世界上先进的职业教育课程开发技术——工作过程导向的"典型工作任务分析法"（BAG）和"实践专家访谈会"（EXWOWO），通过整体化的职业资格研究，按照"从初学者到专家"的职业成长的逻辑规律，重新构建了学习领域模式的专业核心课程体系。在此基础上，他们将若干学习领域课程作为试点，开展了工学结合一体化课程实施的探索,设计编写了用于帮助学生进行自主学习的学习材料——工作页。工作页作为学习领域课程教学实施中学生使用的主要学习材料,是指导帮助学生完成学习任务的重要工具。工作页体现了鲜明的职业教育特色,实现了学习内容与职业工作要求的直接和有效对接,使工学结合的理论实践一体化教学成为可能。

  同时,丛书所承载的编写理念与思路、体例与架构、技术与方法,为我国职业院校的课程与教学改革以及教材建设提供了可资借鉴的思路与范式。

2009 年 8 月 8 日

前　言

"市场调研"是采用目前世界上先进的职业教育课程开发技术——工作过程导向的"典型工作任务分析法"(BAG)和"实践专家访谈会"(EXWOWO),通过市场营销职业典型工作任务分析和整体化的职业资格研究而形成的一门学习领域课程,也是高等职业教育市场营销、市场咨询与开发专业的核心课程。本课程旨在引导学生完成客户委托的"市场调研"任务,让学生在经历完整的调研工作过程中,培养涵盖专业能力、方法能力和社会能力在内的市场调研与咨询领域的综合职业能力,毕业后能够独立开展市场调研策划和组织实施工作。

《市场调研工作页》是为实现"市场调研"课程目标而编写的学习用书,引导学生以调研项目组为工作团队,在实际调研项目的完成中培养调研策划、调查工具设计、调查数据编辑处理、调查数据初步描述统计分析,以及调研报告撰写和调研结果沟通专业实践能力的同时,启发唤醒自身的问题意识、质量意识、责任意识、细节意识和市场意识,认识到在职业工作中,明确的职责与工作分工,解决问题的勇气与方法,一丝不苟的敬业态度,精诚合作的团队精神对于创造工作业绩的重要性,从而养成受益于整个职业生涯的关键能力。

作为帮助学生开展自主性学习的材料,《市场调研工作页》是引导学生完成市场调研工作任务的重要工具。本书与国内市场营销专业同类教科书相比,在以下三个方面融入了创新元素,形成了鲜明特色:

1. 理念创新。职业教育不仅是让学生学习有限的专业知识,更重要的是让他们学会工作。要实现这个目标,课程和教材就要改变以往的体例与内容,实现学校学习内容与企业职业工作要求的直接和有效对接,使工学结合一体化课程教学实施成为可能。本书基于企业的一个结构完整的典型工作任务,把学生直接带入企业工作"情境",引导学生完成市场调研工作任务,通过工作实现自主学习和主动学习,通过工作训练工作技能,积累工作经验,从而学会工作。

2. 内容创新。为了践行上述工学结合的现代职业教育理念,全书以企业的"市场调研"这一典型工作任务为载体,根据企业市场调研工作实际,把调研项目的完成过程分为调研策划、调查方法与调查工具设计、调查数据处理与基本统计分析、调研结果及其沟通四个阶段,每个阶段又包含若干个学习性工作任务,四个阶段共涵盖了从组建调研项目团队到撰写书面调研报告在内的15个学习性工作任务。

本书不提供或不全部提供系统的专业知识信息,只是引导学生去完成一个个实际的工作任务,让学生养成在工作中遇到问题时自觉查阅资料给予解决的意识和习惯,以及在浩瀚的信息海洋中查找筛选所需信息、与信息占有者有效沟通、自主计划与完成学习与工作任务的能力。

3. 体例创新。《市场调研工作页》彻底打破了以往学科体系的教材编写体例,进行了全新的尝试。体例创新首先体现在目录设计上,改变了以往"编、章、节"的目录表现方式,采取"阶段、任务"表述形式,更贴近工作实际。其次,在每一个任务完成过程的设计上,采用一段段的引导课文承上启下,营造工作情境与职业氛围,把完成工作任务的各个环节有机的连接起来。第三,"案例"、"调研实践"和"小提示"的编写既为学生的学习与工作提供了参考和借鉴,也增强了本书的趣味性和可读性。

本书的使用对象主要是高等职业院校"市场营销"、"市场咨询与开发"专业的学生,读者对象是致力于职业教育课程与教学改革的教育工作者和企业兼职教师。

本书的设计与编写,对于编者无疑是一个前所未有的挑战。好在有专家学者的指导与点拨,有学院领导的关注与支持,有家人的理解与鼓励,所有这一切都为本书的编写完成注入了动力。在此,对给予本书的编写出版提供帮助的学院领导和同仁表示最诚挚的谢意!

由于作者对职业教育理念的理解程度有限,职业教育课程开发的经验不足,市场调研工作的经历不够,写作中尽管对每个阶段、每个任务都经过了仔细斟酌,力求表述清楚,易于理解,但不妥之处在所难免,期望与同行探讨,不断修订。

编　者

2009 年 12 月

致 同 学

亲爱的同学：

你好！

欢迎你跟随《市场调研工作页》的引导，走进市场调研实践，开始市场调研全过程的工作尝试。

拥有满意、稳定的消费者群体可以给企业带来稳定的收入和利润，是企业成功的基础。为消费者提供最大价值和有效出色的服务，始终是市场营销人员要恪守的重要原则和工作目标。市场调研是企业了解市场和把握消费者需求的重要工具，是建立和维持长期顾客关系的手段。

现代市场营销领域遵守"恰当"原理，即在恰当的地点、恰当的时间、以恰当的价格、使用恰当的方式，把恰当的商品或服务卖给恰当的人。企业管理者和营销人员要对许多最终影响营销成功的因素进行控制。其实，营销的成功，需要控制的不外乎两个因素，一是企业内部的营销组合，二是企业外部的营销环境，进而作出恰当的决策。而这一切都要以真实准确的市场信息作依据，市场调研是获取这种信息的有效渠道，是辅助企业高层管理者作出恰当决策的基本工具。

因此，无论是对于企业的各级管理者，还是对于营销人员，熟悉和掌握市场调研的方法与技术都是非常必要的。

"市场调研"是采用目前世界上先进的职业教育课程开发技术——工作过程导向的"典型工作任务分析法"（BAG）和"实践专家访谈会"（EXWOWO），通过市场营销职业典型工作任务分析和整体化的职业资格研究，而形成的一门学习领域课程，也是高等职业教育市场营销、市场咨询与开发专业的核心课程。本课程旨在引导你们完成客户委托的"市场调研"任务，让你们在经历完整的调研工作过程中，培养涵盖专业能力、方法能力和社会能力在内的市场调研与咨询领域的综合职业能力。

《市场调研工作页》是为实现《市场调研》课程目标而编写的，它将引导你们以调研项目组为工作团队，在实际调研项目的完成中养成调研策划、调查工具设计、调查数据编辑处理、调查数据初步描述统计分析，以及调研报告撰写和调研结果沟通专业实践能力的同时，启发唤醒你们的问题意识、质量意识、责任意识、细节意识和市场意识,让你们认识到在职业工作中,明确的职责与工作分工,解决问题的勇气与方法,一丝不苟的敬业态度,精诚合作的团队精神对于创造工作业绩的重要性,从而养成受益于整个职业生涯的关键能力。

《市场调研工作页》不同于以往你们使用过的教科书,它不仅仅是让你们学到有限的专业词汇、概念和原理,更重要的是引领你们步入市场,走进市场调研职业工作领域,让你们从一个调研领域的初学者逐渐成长为调研能手,毕业后能够独立开展市场调研的策划及组织实施工作。

为了让你们的学习更加顺利,希望你们能够了解和做到:

第一,明确学习目标,完成学习任务

翻开本书后,你们要仔细阅读和理解"市场调研"课程描述一览表,了解你们将面临的学习与工作任务;完成任务中你们将与什么人、什么事、什么工具、什么方法打交道;开展工作的组织方式以及要达到的基本要求等。尤其要明确学完本门课程后要达到的学习效果和实现的学习目标,也就是学完本门课程后,你们要学会做什么,能够独立完成什么工作任务,能够拿出什么学习与工作成果,等等。另外,还要关注一下本门课程的学业监控与评价方式及特点哦,这可是你们最关心的事情!

第二,自主学习,主动工作

你们永远是自己学习的主人,老师首先是你们学习的合作者,为你们的自主学习提供充分的空间:要确定一个什么样的调研项目,选择什么调查方法,如何安排整个调研进程等等,都需要你们自己来设计来策划;老师也会让你们之间有更多沟通与合作、参与学习过程评价的机会。老师还是你们学习的支持者,他们会在需要时,指导你们搞好学习与工作计划,有序把握和推进学习与工作进程。

第三,把握引导课文,用好工作页

每个阶段的学习任务都有相应的学习目标和学习内容,你们要根据这些目标去安排自己的学习,评价自己的学习效果;每个学习任务下都配有若干段引导课文,你们要习惯在引导课文的帮助下,尽量独立自主地查阅文献资料,掌握工作过程知识,完成每个学习性工作任务;你们也应当大胆地展示自己,积极参与团队的学习与工作活动,密切合作,吃苦耐劳,共同解决各种难题;你

们还要学会客观地评价自己和别人的工作表现与成绩,及时总结和反馈工作情况;工作中自觉遵守有关调研伦理和职业道德。

预祝你们的学习取得成功,毕业后成为市场营销及调研领域的行家里手。

编 者

2009 年 12 月

目 录

总序
前言
致同学

"市场调研"课程描述一览表 ········· 1
"市场调研"课程学习任务结构图 ········ 5
第一阶段　调研策划 ············· 6
　任务 1-1　组建调研项目团队 ······· 7
　任务 1-2　确定调研课题 ········· 13
　任务 1-3　设计调研方案 ········· 18
　任务 1-4　设计抽样方案 ········· 25
第二阶段　调查方法与工具设计 ······· 36
　任务 2-1　调查问卷设计与问卷法 ····· 37
　任务 2-2　焦点小组访谈设计与访谈法 ··· 51
　任务 2-3　观察记录表设计与观察法 ···· 61
　任务 2-4　二手资料收集与案头调查法 ··· 66
第三阶段　调查数据处理与描述统计分析 ··· 71
　任务 3-1　数据的确认与编辑 ······· 73
　任务 3-2　数据的编码 ·········· 79
　任务 3-3　数据的转换与录入 ······· 89
　任务 3-4　数据的制表和图形化 ······ 92
　任务 3-5　数据的描述统计 ········ 100
第四阶段　调研结果及其沟通 ········ 106
　任务 4-1　撰写书面调研报告 ······· 107
　任务 4-2　策划与组织调研报告会 ····· 114
致老师 ···················· 120
后记 ····················· 122
参考文献 ··················· 123

"市场调研"课程描述一览表

学习领域	市场调研	时间安排	72学时

典型工作任务描述

市场调研与咨询企业,或企业的市场调研部门在接受来自客户委托的市场调研任务后,在明确客户调研意图与要求的基础上,进行调研的准备与策划:成立调研项目团队,确定调研题目,制定抽样计划,进行调研经费预算,设计调研方案,委托与被委托双方共同协商,签订项目委托书。市场调研与咨询企业或企业的市场调研部门以调研方案和项目委托书为依据,根据双方所选定的调查方法,设计调查工具。运用所设计的调查工具,组织实施市场调查,收集所需的第一手和第二手资料,进行调查资料的处理与基本统计分析。根据调查所提供的数据,撰写书面调研报告,组织召开调研报告会,与委托方有效沟通调研结果。对整个调研过程实行质量控制与管理,高质量完成客户委托的调研任务。

学习目标

让学生在完成真实的调查项目的过程中,掌握胜任市场咨询企业或企业市场调研部门职业工作的专业能力——调研的核心方法与技术;通过发现问题和解决问题培养方法能力;通过小组自主管理式学习和落实客户要求,培养责任、质量、细节和规范意识,学会有效沟通与合作,培养社会能力;最终养成胜任市场咨询企业或企业市场调研部门、营销部门工作的综合职业能力。

通过本门课程的学习,学生应该能够:

1. 根据委托方的要求,组建胜任调研任务的调查项目团队,指定项目负责人,明确调研任务与职责。

2. 与委托方共同协商,确定调研题目,确定样本规模,制定抽样计划,制订经济可行的调研方案;明确调研任务与分工、确定调研进程与时间安排,做好项目资金预算,签订调研项目委托书。

3. 根据已确定的调研内容,选择合适的调查方法,编制调查工具,如调查问卷、焦点小组访谈策划与访谈提纲、观察记录表等,为调查的组织实施做好充分的准备。

4. 运用所编制的调查工具,组织实施市场调查,收集信息,有效监控与管理调查过程。

5. 对调查数据进行有效处理后,选择合适的统计软件,对调查数据进行基本的描述统计分析,弄清楚,数据告诉了我们什么?

6. 根据得出的调研结论,结合委托方的调研目的,向委托方提出切实可行的建议,并形成书面调研报告。

7. 根据调研项目委托书的约定,召开调研报告会,与委托方有效沟通调研结果。

市场调研工作页

续表

工作与学习内容		
工作对象： 1. 项目委托方、企业专兼职教师； 2. 学生策划组、评委组、资料组； 3. 学生主持人、报告人、表演者、观众等； 4. 项目完成过程中与委托方、学生项目组的沟通、问卷调查对象、访谈对象的沟通； 5. 调查课题的确定、调查方案的制定； 6. 调查问卷、访谈提纲、实地观察记录表等调查工具的设计； 7. 焦点小组访谈策划书、调研报告会策划书； 8. 问卷调查现场、访谈表演现场、实地观察的地点与场所； 9. 回收的调查问卷、访谈记录或录音、实地观察记录表； 10. 统计图、统计表； 11. 统计软件、计算机； 12. 调研报告及 PPT； 13. 学生学业评价指标体系。 **工作方法：** 1. 项目团队主动与委托企业、调查对象沟通； 2. 组建项目调查团队，项目团队集体讨论，分工合作，任务落实到人，责任明确；	3. 调查方案、调查报告撰写方法； 4. 调查问卷、访谈提纲、实地观察记录表的设计方法； 5. 问卷法、访谈法、角色扮演法、观察法； 6. 统计图和统计表绘制方法； 7. 焦点小组访谈策划书和调查报告会策划书撰写方法； 8. 拍照、摄像； 9. 策划组与评委组、材料组、主持人、表演者、报告人沟通合作； 10. 项目调查过程监控与评价。 **工作工具：** 1. 调查方案； 2. 调查问卷、访谈提纲、观察记录表； 3. 焦点小组访谈策划书、评价表、访谈现场； 4. 照相、摄像器材、录音器材； 5. 回收的调查问卷、访谈记录和录音、实地观察记录表； 6. 制作的统计图或统计表； 7. 调研报告； 8. 调研报告会策划书； 9. 调研报告会现场； 10. 学业监控与评价指标（评价表）。	**劳动组织：** 1. 客户委托调查任务，双方签订调查项目委托书； 2. 组建调查团队，制定负责人，明确调查任务，责任到人； 3. 项目团队沟通合作，完成项目策划与实施整个过程。 **工作要求：** 总体要求：关注细节、遵守规范、保证质量、团结合作。 1. 能够与委托企业、调查对象、团队成员有效沟通，团结合作，密切配合，高质量完成调查任务； 2. 能够制订经济可行的调查方案； 3. 能够根据调查需要设计合适的调查工具； 4. 学习与发挥访谈技巧，取得访谈对象的积极配合； 5. 按照学业考核要求，制定学业监控与评价指标体系； 6. 严格审查和核实原始资料（主要是问卷），细心进行资料的编辑、编码与转换，准确录入计算机； 7. 对数据的统计结果进行集体讨论、科学分析，以得出可靠的结论； 8. 撰写市场调研报告，针对委托企业的需要，提出切实可行的建议。

续表

课程教学组织形式与方法
1. 课程教学总体原则：行动导向、工学结合。 2. 课程教学组织形式：项目教学、小组自我管理式学习。 3. 课程教学方法：项目教学法、引导课文法、角色扮演法、讨论法、口头汇报。
学业考核与评价
1. 考核与评价依据：课程教学目标。 2. 考核与评价内容：学生小组在完成学习性工作任务过程中的学习表现、学习行为、学习成果。 3. 考核与评价方式：形成性评价与终结性评价相结合。 4. 考核与评价方法：项目作业、口头汇报、现场实施、角色扮演。 5. 考核与评价主体：任课教师、企业兼职教师、学生评价小组。
课程学习内容和要求

第一阶段	调研策划	时间安排	24学时
第一阶段任务描述：			
市场调研与咨询企业，或企业的市场调研部门接受来自客户委托的市场调研任务后，在明确客户调研意图与要求的基础上，进行调研的准备与策划：成立调研项目团队，确定调研题目，制定抽样计划，进行调研经费预算，设计调研方案，委托与被委托双方共同协商，签订项目委托书。			
学习性工作任务： 1-1　组建调研项目团队　　1-2　确定调研题目 　　　　　　　　　　1-3　设计调研方案　　　　1-4　设计抽样方案			
学习目标：			
通过本阶段的学习，学生应该能够： 　　1. 根据委托方的要求，组建胜任调研任务的项目团队，指定项目负责人，明确调研任务与职责； 　　2. 根据委托方的要求，双方共同协商，确定调研题目，确定合适的样本规模，制订经济可行的抽样方案和调研方案； 　　3. 确定调研进程与时间安排，做好项目资金预算，与委托方签订调查项目委托书。			

第二阶段	调查方法与工具设计	时间安排	32学时
第二阶段任务描述：			
市场调查与研究所依赖的数据资料是从调研对象那里获得的，从调查对象那里获得信息的主要方法有两个：问卷法和访谈法。调查问卷和访谈方案是收集和控制调研信息的重要的"中介"工具，这些工具设计的质量直接关系到资料信息的真实性、准确性和适用性，影响到信息的回收，进而影响到整个调研结果。因此，调研工具设计在市场调研过程中占有十分重要的地位，也是市场调查工作过程中的难点。能够设计优质的调研工具、熟练使用问卷和访谈的方法开展有效的市场调研，是现代企业管理者必备的专业能力之一。			
学习性工作任务：			
2-1　调查问卷设计与问卷法　　2-2　焦点小组访谈设计与访谈法 　　　　　　　　2-3　观察记录表设计与观察法　　2-4　二手资料收集与案头调查法			

市场调研工作页

学习目标：			
通过本阶段的学习,学生应该能够： 1. 根据调研目的、调研项目实施的要求,设计一份优质调查问卷； 2. 根据调研目的、调研项目实施的要求,制定焦点小组访谈实施方案； 3. 能够使用主要调查方法和工具开展市场调查,收集第一或第二手资料。			
第三阶段	调查数据处理与描述统计分析	时间安排	8学时
第三阶段任务描述：			
调查数据处理与描述统计分析主要指问卷调查数据。调查资料的处理包括四个步骤,一是对问卷数据的确认与编辑,二是对问卷数据进行编码,三是对数据进行转换与录入,三是数据的图形化。通过统计软件对数据进行基本的描述统计分析：估计集中趋势,如算术平均数、中位数和众数。从而揭示调查数据中所包含的众多信息,得出调查结论。			

学习性工作任务：3-1 数据的确认与编辑   3-2 数据的编码
       3-3 数据的转换与录入   3-4 数据的制表和图形化
       3-5 数据的描述统计			

学习目标：			
通过本阶段的学习,学生应该能够： 1. 理解和陈述问卷质量监控和检测的重要性及其性质； 2. 能够进行数据的编辑与编码； 3. 学会数据录入过程及其方法； 4. 学会将数据表格化、图形化的方法； 5. 运用统计分析方法对数据进行基本的描述统计分析。			
第四阶段	调研结果及其沟通	时间安排	8学时
第四阶段任务描述：			
市场调研部门完成调研任务后,要及时与委托方沟通调研结果。沟通的实质是分享调研结果,要尽量排除干扰,保证沟通的有效性。调研结果的沟通有两种形式：一是书面沟通,即向委托方提交书面调研报告。调研报告撰写的过程是运用沟通技巧的过程。撰写者在了解调研报告框架结构的基础上,要站在读者的角度起草调研报告,并仔细审核调研报告的质量,要考虑读者能否完全理解报告的意思；二是口头汇报。在调研报告会上,口头汇报可以借助汇报提要,具有视觉效果的PPT等,提高沟通的有效性。			
学习性工作任务：4-1 撰写书面调研报告 4-2 策划与组织市场调研报告会(口头汇报)			
学习目标：			
通过本阶段的学习,学生应该能够： 1. 了解有效沟通的技巧,排除干扰,保证书面沟通与口头汇报的有效性； 2. 熟悉调研报告的框架结构,站在读者的角度起草调研报告,审核调研报告的质量； 3. 组织召开调研报告会,借助汇报提要和PPT对调研结果进行有效的口头汇报。			

"市场调研"课程
学习任务结构图

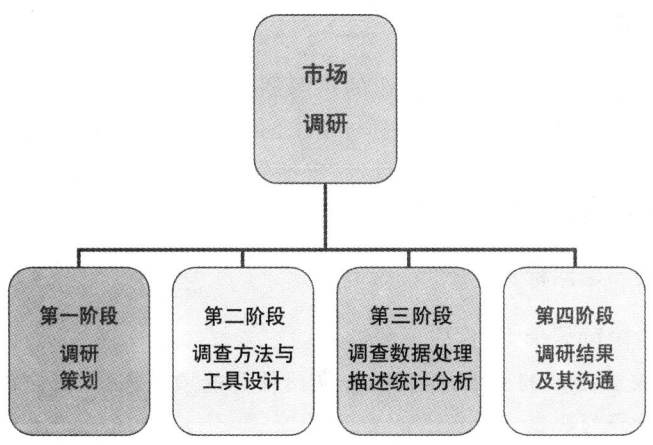

第一阶段

调研策划

本阶段任务描述：

市场调研与咨询企业，或企业的市场调研部门接受来自客户委托的市场调研任务后，在明确客户调研意图与要求的基础上，进行调研的准备与策划：成立调研项目团队，确定调研题目，制定抽样计划，进行调研经费预算，设计调研方案，委托与被委托双方共同协商，签订项目委托书。

本阶段学习目标：

通过本阶段的学习，你应该能够：

1. 根据委托方的要求，组建胜任调研任务的项目团队，指定项目负责人，明确调研任务与职责。

2. 根据委托方的要求，双方共同协商，确定调研题目，确定合适的样本规模，制订经济可行的抽样方案和调研方案。

3. 确定调研进程与时间安排，做好项目资金预算，与委托方签订调查项目委托书。

本阶段学习任务：

1-1　组建调研项目团队；

1-2　确定调研题目；

1-3　设计调研方案；

1-4　设计调研抽样方案。

建议学时： 24 学时。

任务 1-1　组建调研项目团队

任务背景：

一家市场咨询公司刚刚成立，业务就上门了。某企业代表来到市场咨询公司与业务经理初步面谈，要求帮助他们做一项市场调查，以找到本季度企业销售额下降的原因，为他们采取有效的解决措施提供依据与建议。业务经理高兴地接受了委托。同时，双方约定，待市场咨询公司的项目团队提出调研的详细方案后再次面谈，并签署调研项目委托书。

学习目标：

完成本项学习任务后，你应该能够：

1. 根据委托方市场调研的内容及要求，组建胜任调研任务的项目团队，确定项目负责人；
2. 策划组织项目团队成员培训；
3. 陈述市场调研的范围和过程；
4. 陈述委托方对调研项目团队的要求。

学习任务描述：

会见委托方代表后，业务经理立刻着手组建调研项目团队。选择与指定项目及团队负责人，挑选项目团队成员；召集项目团队会议，明确调研任务、调研的范围和过程；策划与组织项目团队成员培训。学生评委组参考任课教师提供的"口头汇报评价指标"案例，起草制定的"调查项目团队组建评价指标"。

学习成果：

1. 项目团队组成及组织结构；
2. 项目团队培训内容（PPT）；
3. 项目团队组建监控与评价指标。

建议学时： 4 学时。

学习与工作任务完成过程：

引导课文 1：市场调查项目团队是完成调查任务的合作团队，市场调查项目的开发、策划与实施都有赖于项目团队的良好运作。承接市场调研项目之后，通常会碰到这样实际的问题，那就是项目团队如何组建？请讨论以下问题，并把讨论意见写在空白处。

(1)你认为，在组建调研团队时，需要考虑的问题有哪些？为什么要考虑这些问题呢？

(2)你们的调研团队有几名成员？能够按时完成调研任务吗？为什么？

【资料阅读】1-1

市场调查项目组不能简单视为若干人的群体,而是团队,是一个正式群体,它有着明确的工作任务和工作分工。在正式群体中,个体应从从事的行为都是由组织规定的,并直接指向组织目标。因此,团队是为了实现某个特定目标而由个人组成的正式群体,是一些才能互补的、并为实现目标负有共同责任的少数人的集合。团队能够创造额外的工作效益,团队的业绩既包括成员个人成果,也包括团队成员的集体成果。

组建合适的市场调查项目团队,需要弄清楚所承接的市场调研项目的规模、类型、时效性要求、课题方向等。市场调研项目的属性往往相差很大,调研项目的属性不同,对项目团队的要求也有所区别。比如,新产品开发方面的调研项目对于时间很敏感,往往要求项目团队在短时间内必须完成,因而项目团队成员的数量相对会比较多。

组建项目团队时,请注意兼顾成员的工作能力、个性和态度等个体差异,以便让团队成员在良好的氛围下合作学习、共同完成工作任务。

引导课文 2:调查项目团队成立后,作为团队负责人,你如何让团队成员了解和明确调研任务,并知道今后在团队中的角色和职责呢?

引导课文 3:为有效完成项目任务,作为团队负责人,你需要策划与实施团队的相关培训。请参考以下项目理清培训思路。

(1)你们的培训内容:

市场调研工作页

（2）你们的培训方式：

引导课文 4：如果你是团队负责人，你如何对调研项目团队及项目进行有效的管理，以确保调查任务有效完成？

引导课文 5：请结合任课教师提供的"团队组建评价指标"案例，学生评委组讨论，草拟一份新的"团队组建评价指标"。

案例1:团队口头汇报表现评价表

组别:　　　　汇报人:　　　　汇报内容:　　　　评价主体:

说明:监控:监控小组代表在做口头汇报时每种行为发生的频率。

评价:"5"表示行为总是发生;"4"表示行为经常发生;

　　　"3"表示行为较少发生;"2"表示行为很少发生;

　　　"1"表示行为没有发生。

1. 身体表现

(1)站直,面向观众	5	4	3	2	1
(2)面部表情随着表达内容的变化而变化	5	4	3	2	1
(3)保持与观众眼神的交流	5	4	3	2	1
(4)适当的手势	5	4	3	2	1

2. 声音表现

(5)说话节奏平稳,语速适当	5	4	3	2	1
(6)用声调变化强调重点	5	4	3	2	1
(7)声音足够大,每一位听众都能够听清楚	5	4	3	2	1
(8)发音正确,吐字清晰	5	4	3	2	1

3. 语言表达

(9)表达时用词恰当准确	5	4	3	2	1
(10)信息组织逻辑清晰	5	4	3	2	1
(11)语言简练,不罗嗦	5	4	3	2	1
(12)表达流畅,语意完整	5	4	3	2	1
(13)结束时总结要点	5	4	3	2	1

4. 汇报内容

(14)	5	4	3	2	1
(15)	5	4	3	2	1
(16)	5	4	3	2	1
(17)	5	4	3	2	1
(18)	5	4	3	2	1
(19)	5	4	3	2	1
(20)	5	4	3	2	1

市场调研工作页

小结与评价：

1. 学习行为表现监控。

说明：每项学习任务完成后，将监控结果汇总，分别加入团队和个人总成绩。

(1)教师观察每一个团队的学习表现：团队讨论情况、成员的参与情况、任务完成速度与质量等，并及时做好记录。

(2)学习委员记录课堂发言情况：姓名、发言频次等。

2. 任课教师与学生评委组评价。

引导课文 6：在团队负责人的主持下查阅资料弄清楚下面的问题，选派成员汇报。任课教师与学生评委组成员根据评价指标共同评价，给出每个团队的汇报成绩。

(1)请陈述市场调研的一般过程。

(2)请陈述市场调研一般涉及的范围。

(3)委托方需要你们的团队(调研公司)做到什么？

(4)你们的调查团队(调研公司)必须向委托方承诺什么？

3. 学习任务结束后，按团队提交学习成果给任课教师。

任务 1-2　确定调研题目

任务背景：

市场调研是从选择一个合适的调查题目开始的。要选择一个合适的调查题目，就要了解市场调查问题选择的范围，要把握问题的选择范围，就要知道市场调查的内容。由于影响企业经营的市场因素非常复杂，所以市场调查的内容十分广泛。但总的来说，可以把这些因素概括为两个方面：一是企业不可控因素，一是企业可控因素。

调查项目团队组建培训后，根据委托方的调查意图和要求，项目负责人组织团队成员讨论：明确调查项目启动的背景、要达到的目的和要完成的调查任务；在此基础上确定调查题目和调查内容。

学习目标：

完成本项学习任务后，你应该能够：

1. 陈述本次市场调研的范围及内容；
2. 根据调研题目确定的标准及委托方的要求，确定明确具体、操作可行的市场调研题目；
3. 清楚陈述调研题目。

学习任务描述：

项目团队围绕教师所提供的与 5 个市场调查题目的案例，讨论市场调查题目的结构，以及题目中反映出的调查范围、调查内容、调查对象等信息；再根据本次调查目的、调查内容及所查阅的有关市场调查题目选择的标准，确定明确具体、操作可行的市场调查题目；各项目团队选派代表汇报调查选题。学生评委组参考任课教师提供的评价指标，起草制定的"调查题目评价指标"。

学习成果：

1. 项目团队确定的市场调研题目；
2. 项目团队制定的"调查题目评价指标"。

建议学时： 4 学时。

学习与工作任务完成过程：

引导课文 1：市场调查是从选择调查题目开始的。市场调查题目本身比某种市场现象或问题更为具体、更为集中，也更为明确。选择调查题目就是要寻找一个既值得做、同时也可以做的调查题目。怎样选择一个这样的市场调查题目呢？

(1) 请查阅资料，了解选择与确定一个调查题目的重要性，并写在空白处。

(2) 请查阅资料，看看选择一个市场调查题目的标准有几个？写在下面的空白处。

引导课文 2：你们已经明确了确定一个调查题目的重要性，也知道了什么样的调查题目才算作一个明确的调查题目。现在请讨论确定你们团队的调查选题，并写在空白处。

引导课文 3：每一个团队的调查选题已经选择和确定了，现在请把你们的调查选题分别抄写在黑板上，并选派一名代表向大家讲解你们的选题，使调查题目更加明确化。讲解的内容包括以下几个方面：

(1) 调查范围

(2)调查对象

(3)调查内容

引导课文 4：每一个团队的代表讲解结束后，其他团队针对汇报团队的选题及代表讲解的内容展开讨论：他们的选题是不是一个合适的题目？为什么？怎么修改更合适？请把修改理由和帮助他们修改后的题目写在空白处。

引导课文 5：每一个团队根据调查选题要求和其他团队提出的修改意见，对自己的调查题目进行修改，再次明确调查题目，并写在空白处。

引导课文 6：任课教师针对每一个团队调查选题存在的问题，强调调查选题的标准，逐一帮助修改并确定调查题目。

市场调研工作页

案例2：小组口头汇报"调查选题"表现评价表

组别：　　　汇报人：　　　汇报内容：　　　评价主体：

说明：监控：监控小组代表在做口头汇报时每种行为发生的频率。

评价："5"表示行为总是发生；"4"表示行为经常发生；

　　　"3"表示行为较少发生；"2"表示行为很少发生；

　　　"1"表示行为没有发生。

1. 身体表现

(1)站直,面向观众	5	4	3	2	1
(2)面部表情随着表达内容的变化而变化	5	4	3	2	1
(3)保持与观众眼神的交流	5	4	3	2	1
(4)适当的手势	5	4	3	2	1

2. 声音表现

(5)说话节奏平稳,语速适当	5	4	3	2	1
(6)用声调变化强调重点	5	4	3	2	1
(7)声音足够大,每一位听众都能够听清楚	5	4	3	2	1
(8)发音正确,吐字清晰	5	4	3	2	1

3. 语言表达

(9)表达时用词恰当准确	5	4	3	2	1
(10)信息组织逻辑清晰	5	4	3	2	1
(11)语言简练,不啰嗦	5	4	3	2	1
(12)表达流畅,语意完整	5	4	3	2	1
(13)结束时总结要点	5	4	3	2	1

4. 汇报内容

(14)调查背景清楚	5	4	3	2	1
(15)调查目的明确	5	4	3	2	1
(16)调查要解决的问题明确	5	4	3	2	1
(17)调查选题有价值	5	4	3	2	1
(18)调查选题适合学生做	5	4	3	2	1
(19)调查选题具有可行性	5	4	3	2	1
(20)调查内容与调查目的相契合	5	4	3	2	1

小结与评价：

1. 学习行为表现监控。

说明：每项学习任务完成后，将监控结果汇总，分别加入团队和个人总成绩。

(1)教师观察每一个团队的学习表现：团队讨论情况、成员的参与情况、任务完成速度与质量等，并及时做好记录。

(2)学习委员记录课堂发言情况：姓名、发言频次等。

2. 任课教师与学生评委组评价。

说明：任课教师与学生评委组成员根据评价指标共同评价，给出每个团队的汇报成绩。

(1)调查题目。

(2)调查的范围、对象。

(3)调查的内容有哪些？

3. 学习任务结束后，按团队提交学习成果给任课教师。

市场调研工作页

任务 1-3　设计调研方案

任务背景：

调研方案是整个市场调研实施的行动指南，具体内容涉及从调研题目的确定开始，到资料的收集分析，调研报告撰写为止的整个过程。因此，在制定调研方案时，要对一项调研的各个阶段及其实施进程中的各种问题进行通盘详细地考虑。

市场调研题目确定后，就要着手对整个调研工作的步骤、手段、工具、对象、经费、时间等进行规划和安排，制订一个完整、详细、周密、可行的市场调研实施方案，以便对调研过程进行有效控制，保证调研质量，完成调研任务，实现调研目的。

学习目标：

完成本项学习任务后，你应该能够在明确了以下问题的基础上，制定操作可行的市场调研方案。

1. 简洁清楚地陈述调查项目启动的背景。
2. 简洁清楚地说出：你们团队确定本项调查的目的和要帮助委托方解决的具体问题。
3. 清楚列举具体的调查内容（不少于三个）。
4. 简洁清楚地说出：本项调查的范围和调查对象。
5. 根据调查内容，恰当选择调查方法，说出每一种调查方法选择的理由。
6. 编制项目调查流程、人员分工安排、经费预算表。

学习任务描述：

围绕任课教师所提供的"市场调查方案"案例，项目负责人组织团队讨论：调查方案的结构、内容及文本格式；调查项目启动的背景，进一步明确调查目的和调查内容；确定调查范围和调查对象；选择有效的调查方法；确定调查工作安排、人员分工及经费预算。在此基础上，设计起草具有可操作性的市场调查方案；将调查方案制作成PPT；各项目团队选派代表汇报学习成果；学生评委组根据任课教师提供的评价指标，对每个团队的汇报给予评价。

学习成果：

1. 项目团队制定的调查方案（文档）；
2. 项目团队制作的调查方案的PPT。

建议学时： 10学时。

学习与工作任务完成过程：

引导课文1： 学校要召开运动会，企业要举办记者招待会，在正式开会之前必须进行严格、周密的筹备和设计。市场调研中，在调查题目确定后，接下来并不是马上深入到某个企业、联系某个人去进行问卷或访谈，而首先要为实现调研目标进行周密的规划和设计。调研方案设计主要是对整个调查过程进行策划，确定调查的最佳途径，选择恰当的方法，制定具体的操作步骤及人员的合理分工等。

请围绕任课教师提供的"调查方案"的案例，项目负责人组织团队讨论，调查方案的结构及内容，并将讨论结果写在空白处。

引导课文2： 调查背景是该调查项目启动的缘由，即说明在什么样的背景下、在什么样的情况下，有必要启动本调查项目。请结合委托企业的调查意图和你们团队的调查题目讨论调查背景，并写在空白处。

市场调研工作页

  引导课文3：调查目的是说明为什么要进行这项调查,这项调查有什么价值,能帮助企业解决什么问题,为企业决策提供什么依据。调查者对调查目的都说不清楚,是否有能力承担调查任务是令人质疑的。请结合委托企业的调查意图和你们团队的调查题目讨论调查目的,并写在空白处。

  引导课文4：调查内容是调查题目的分解和具体化。调查题目的确定只是指出了调查的范围和方向,至于在这个题目下要调查研究哪些具体内容,则是需要在调查方案设计中解决的问题。比如,我们的调查题目是"漳州市丰田轿车市场状况及问题调查",那么,在调查方案中可以把调查内容设计为:漳州市丰田轿车市场分布状况、漳州市丰田轿车近三年销售状况、漳州市丰田轿车的质量状况、漳州市丰田轿车车主状况、漳州市丰田轿车售后服务状况等几个方面,这样也可以为后续的调查问卷设计奠定较好的基础。

  请结合你们团队的调查题目,讨论调查内容,并写在空白处。

  引导课文5：调查范围的界定,可以明确调查结果和结论所能代表的总体。调查对象的确定,有助于帮助我们选择恰当的调查方法和工具。请结合你们团队的调查题目,讨论确定你们的调查范围和调查对象,并写在下面的空白处。

(1) 调查范围

(2) 调查对象

引导课文 6：调查方法，即调查资料的收集方法有多种，每一种方法都有各自的优点和不足，在操作程序上也有所不同，分别适用于不同的调查题目、不同的调查内容和不同的调查对象。请查阅资料，简单了解几种常用的市场调查方法，比如问卷调查法、访谈法、实地调查法等，然后结合团队的选题，讨论确定合适的方法收集资料。把你们选择的调查方法写在空白处。

引导课文 7：完成一项市场调查，需要整个团队成员的通力合作。在调查方案设计中要对团队成员的个性特点及其适合承担的任务进行通盘考虑，明确工作分工，制定相关的组织实施及管理办法，以确保调查任务的有效完成。
(1) 请结合你们团队成员的实际情况，做好调查工作分工。

市场调研工作页

(2)在调查过程中,你们团队将如何有效管理？

引导课文 8：一项市场调查确定后,委托方往往有时间上的限定和进度要求,为了在委托方规定的时间内有效完成调查任务,实现调查的预期目标,需要对整个调查过程做好时间分配和进度安排。另外,还要做好项目经费预算,以确保调查任务的顺利完成。

(1)你们团队调查的时间及进度安排。

(2)你们调查项目的经费预算。

引导课文 9：在明确和完成上述任务的基础上,请设计起草你们团队操作可行的市场调查方案。

案例3：小组口头汇报"调查方案"表现评价表

组别：　　　汇报人：　　　汇报内容：　　　评价主体：

说明：监控：监控小组代表在做口头汇报时每种行为发生的频率。

评价："5"表示行为总是发生；"4"表示行为经常发生；

"3"表示行为较少发生；"2"表示行为很少发生；

"1"表示行为没有发生。

1. 身体表现

(1)站直，面向观众	5	4	3	2	1
(2)面部表情随着表达内容的变化而变化	5	4	3	2	1
(3)保持与观众眼神的交流	5	4	3	2	1
(4)适当的手势	5	4	3	2	1

2. 声音表现

(5)说话节奏平稳，语速适当	5	4	3	2	1
(6)用声调变化强调重点	5	4	3	2	1
(7)声音足够大，每一位听众都能够听清楚	5	4	3	2	1
(8)发音正确，吐字清晰	5	4	3	2	1

3. 语言表达

(9)表达时用词恰当准确	5	4	3	2	1
(10)信息组织逻辑清晰	5	4	3	2	1
(11)语言简练，不啰嗦	5	4	3	2	1
(12)表达流畅，语意完整	5	4	3	2	1
(13)结束时总结要点	5	4	3	2	1

4. 汇报内容

(14)调查方案结构完整，要素齐全……	5	4	3	2	1
(15)调查背景(调查的缘由、这项调查的初衷)清楚	5	4	3	2	1
(16)调查目的(动机和意图)及要解决的问题明确	5	4	3	2	1
(17)调查内容支持调查选题	5	4	3	2	1
(18)调查对象选取有代表性，能够代表整体	5	4	3	2	1
(19)调查任务分工明确、进度安排合理	5	4	3	2	1
(20)制作清晰、美观、支持汇报内容	5	4	3	2	1

小结与评价：

1. 学习行为表现监控。

说明：每项学习任务完成后，将监控结果汇总，分别加入团队和个人总成绩。

（1）教师观察每一个团队的学习表现：团队讨论情况、成员的参与情况、任务完成速度与质量等，并及时做好记录。

（2）学习委员记录课堂发言情况：姓名、发言频次等。

2. 任课教师与学生评委组评价。

说明：任课教师与学生评委组成员根据评价指标共同评价，给出每个团队的汇报成绩。

团队代表汇报内容：市场调查方案。

3. 学习任务结束后，按团队提交学习成果给任课教师。

任务 1-4　设计抽样方案

任务背景：

调查资料是从调查对象那里获取的，因此，在市场调研过程中，选择合适的调查对象是一个极其关键的问题。针对能提供所需信息的人的全体进行普查是最理想的调查，但由于大规模地进行普查在成本和时间上的耗费都是巨大的，所以市场调研不经常使用普查的方式。事实上，一个相对较小、但精心选择的样本是能够准确地反映出所抽样的总体的特征的。理想的情况是，样本能够代表总体的各个部分。

学习目标：

完成本项学习任务后，你应该能够：
1. 清楚陈述抽样的基本知识；
2. 为本团队的调查项目选择恰当的抽样方法；
3. 为本团队的调查项目设计一个抽样方案。

学习任务描述：

在团队负责人的主持下，查阅有关抽样问题的资料，了解抽样基本知识和方法，然后团队成员讨论，共同为你们的调查项目设计一个抽样方案，并制作成幻灯片，选派代表汇报。学生评委组设计一份"抽样方案评价指标"，与任课教师共同对每个团队的汇报进行评价。

学习成果：

1. 项目团队设计的抽样方案（word）；
2. 项目团队制作的抽样方案 PPT；
3. 学生评委组设计的"抽样方案评价指标"。

建议学时： 6 学时。

学习与工作任务完成的过程:

引导课文 1:对于一项具体的市场调查来说,要想选择能够代表调查总体的一部分调查对象(样本),就要设计抽样方案。设计抽样方案通常包括七个环节(图 1-1):了解有关抽样的概念、选择资料收集方法、选择抽样框、选择抽样方法、决定样本量、制定选择样本的可操作性计划、执行可操作性的样本计划。

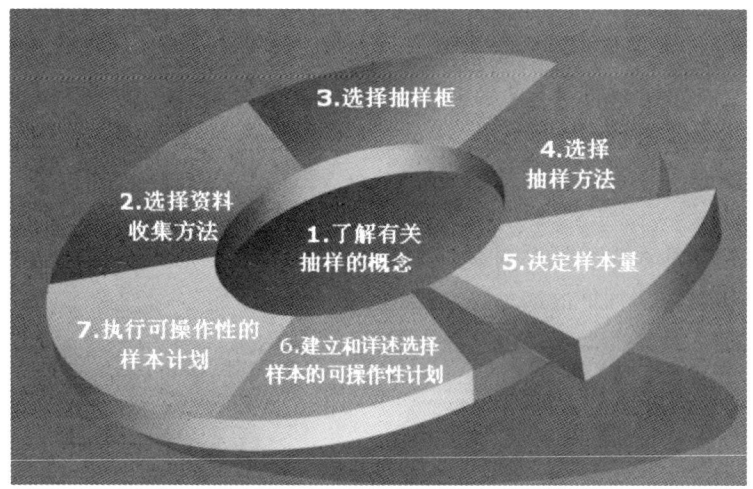

图 1-1 抽样方案设计的七个环节

现在,我们来完成第一个环节——了解有关抽样的概念:请项目负责人组织团队成员查阅相关资料,弄清楚什么是抽样,什么是总体和样本,什么是抽样框?

1. 抽样

2. 总体

【资料阅读】1-2

　　同质总体是实际上购买和使用产品或服务的人。同质总体可以从以下几个方面进行描述：

　　(1)地域特征：抽查的地域经常是顾客活动的范围，可能是一个城市、一个省、一个国家等。

　　(2)人口统计学特征：考虑到调查目标和产品目标市场，哪些人的观点和反应是至关重要的？比如，是30岁以上的职业女性？还是30岁以上的职业经理人？哪个群体才是我们需要的信息来源呢？

　　(3)产品或服务使用情况：通常通过一段时间内对消费者使用产品和接受服务的情况，包括是否使用和使用频率来描述。比如，在一周内，你是否会喝7瓶或7瓶以上的软饮料？近两年内，你购买过欧舶来的产品吗？

　　(4)认知度：对使用过的产品、接受过的服务，或者对广告中所传达的产品信息或服务信息的认识、评价等。

　　3. 样本

　　4. 抽样调查

　　5. 什么叫抽样框？

小提示 1-1

　　为了确定总体包括哪些人，可以先确定应排除在外的个体。比如，可口可乐公司调查在一周内饮用5瓶或5瓶以上各种软饮料的人，而不调查只喝可口可乐的人，因为他们要加深对不喝可口可乐而喝软饮料的人的了解。因此在调查总体中就排除了在过去一周内经常喝可口可乐的人。

　　引导课文 2：资料收集方法有多种，而且对抽样过程有重要影响。在既定的情况下，需要找出最佳方法从调查对象中抽取样本。不同的方法需要不同

市场调研工作页

的成本,所获取样本的质量也不同,与之相关的抽样准确性也不同。

现在,我们来完成抽样方案设计的第二个环节——选择资料收集方法请查阅相关资料,了解经常使用的收集资料的方法,并根据你们团队的选题和调查目的,讨论决定你们认为最佳的资料收集方法,并写在下面的空白处。

> **小提示** 1-2
>
> 邮寄调查问卷的回收率估计为 25%,表明 75% 收到问卷的人不会回信。如果回信和不回信的人的观点截然不同,那么调查结果就有偏差,不能真实代表公司的顾客。电话采访的回答率估计为 70%,表明 1/3 以下(30%)的被采访者联系不上或拒绝接受采访。尽管电话采访仍存在很高的不回答率,但潜在的不回答者的不同意见要少得多,调查结果更接近消费者的真实观点。

引导课文 3:抽样框是指包括全部调查总体在内的目录性清单。理想的情况是,我们有一份完整而准确的清单。(但遗憾的是,有时这样的清单是不存在的)电话号码本就可能是电话调查的抽样框。

现在,我们来完成抽样方案设计的第三个环节——选择抽样框:请结合你们团队的选题和资料收集方法,讨论确定本项调查的抽样框,写在下面的空白处。

【调研实践】1-1 抽样框误差

  1936年《文学摘要》杂志社做了一项民意测验,他们从电话簿和汽车车主登记表中抽取了一大批选民(超过200万人次)做抽样调查,基于这次调查结果,他们预言阿尔弗伦·敦会在竞选中击败富兰克林·罗斯福。不幸的是,从这份抽样框(电话簿和汽车车主登记表)中抽取的选民并不能代表1936年整个美国的所有选民。因为当时大多数人没有电话,更没有汽车,这部分被忽略的人属于低收入阶层。而样本所代表的是富裕阶层,他们更倾向于投共和党的票。结果在竞选后不久,《文学摘要》杂志社因其不准确的预言而信誉度急剧下降,最终倒闭破产。

  引导课文 4:选择哪种抽样方法取决于调查研究的目的、经济实力、时间限制、调查问题的性质等。可供选择的重要抽样方法有两大类:概率抽样和非概率抽样。每大类中又有多种具体方法。

  现在,我们来完成抽样方案设计的第四个环节——选择抽样方法:请查阅相关书籍或资料,首先弄清楚什么是概率抽样和非概率抽样?它们各有哪些优点和弊病?概率抽样和非概率抽样中与分别包括哪些具体抽样方法?然后讨论确定与你们调查项目合适的抽样方法,并写在下面的空白处。

  1. 概率抽样

  (1)简单随机抽样

  (2)等距抽样

  (3)分层抽样

  (4)多段抽样

市场调研工作页

(5)概率抽样的优点

(6)概率抽样的弊病

2. 非概率抽样

(1)偶遇抽样

(2)判断抽样

(3)定额抽样

(4)雪球抽样

(5)非概率抽样的优点

(6)非概率抽样的弊病

3. 你们选定的抽样方法及理由。

引导课文 5：确定样本规模是每一项市场调查都要面临和解决的问题。问题的关键不是样本量大小与总量大小的关系，而是样本能否真实代表总体的特征。经验表明，经过仔细挑选的样本，尽管容量不大，也能十分准确地反映总体特征。在确定概率抽样样本容量的过程中，通常会涉及财务、统计和管理三个方面的问题。请查阅相关书籍或资料，弄清楚影响样本量确定的因素有哪些？写在下面的空白处。

【调研实践】1-2 关于样本量

统计学中常以 30 为界限，把大于 30 个个案的样本规模称作大样本，把小于 30 个个案的样本规模称作小样本。但是，对于市场调查来说，30 个个案的样本是远远不够的。

一般原则是：样本量越大，抽样误差越小。但样本量大，耗费的成本就越高。如果样本量增加了 3 倍，收集数据的成本也增加了 3 倍，而抽样误差只降低了 1/2。另外，还要考虑的问题是，调查结果要求多高的估计精确度（抽样误差很小）？有些情况要求较高，有些情况则不要求这些。

引导课文 6：样本量的确定需要综合考虑各方面的因素，实践中常见的样本规模是：

小型调查类（非正式调查）：样本规模在 100～300 之间；

中型调查类（正式调查，采用最多）：样本规模在 300～1 000 之间；

大型调查类（全国性的调查项目）：样本规模在 1 000～3 000 之间。

现在，我们来完成抽样方案设计的第五个环节——决定样本量：我们每个团队所做的调查项目是非正式调查，属于小型调查类，样本规模应该在 100～300 之间。请结合你们团队调查选题的实际情况，决定你们本次调查的样本量，并写在空白处。

【调研实践】1-3 随机抽样

现代抽样方法的先驱——盖洛普研究认为,当抽样计划中的调查对象涵盖广泛,涉及不同领域、不同种族、不同阶层的各种人时,只需随机抽取,而无需采访每个人。他说,假设有 7 000 颗白豆子和 3 000 颗黑豆子十分均匀地混合在一起,装在一只桶里。当你舀出 100 颗时,大约可以拿到 70 颗白的和 30 颗黑的,失误的几率可以用数学方法计算出来。只要桶里的豆子多于一把,你出错的几率就少于 3%。

引导课文 6:无论使用概率或非概率抽样,在一个调查项目的资料收集阶段必须指定和明确选择样本的可操作计划。对于概率抽样的成功而言,这个程序更为重要,必须详细、清晰,不受调查者的干扰。如不能制定操作性很强的抽样计划,则整个抽样过程会陷入困境。

现在,我们来完成抽样方案设计的第六个环节——制定选择样本的可操作性计划:请结合"可操作的抽样计划"案例,讨论制定你们团队本项调查的抽样计划,写在下面的空白处。

【案例】4　可操作的抽样计划

以下计划是有关你在某个街区访问时应走的路径。

1. 如果在你的路线中遇到死胡同,继续沿这条路或街道的另一面向反方向走。在可能的地方右拐,每隔两户住家访问一户。

2. 如果你沿街区走了一圈,又回到了出发点而没有完成列出的电话簿上家庭的 4 个访问,那么可以试着访问起点的那一家。

3. 如果你调查了整个街区,还是没有完成所要求的访问,则继续从街对面最近的第一个住户开始。把它当做你所在区域的街道中的另一个地址,并访问这一家。永远遵守右手边法则。

4. 如果这一区域街对面从第一户开始都没有住户,在第一号对面的街区转一圈,并遵循右手法则,然后沿路线每隔两户访问一户。

5. 在起始门牌号对面临近的街区绕过一圈后,如果你没有完成所需的访问,就按顺时针方向,在下一个街区访问。

6. 如果第三个街区的住户数不够完成你的任务,就继续几个街区直到要求的户数完成为止;这些街区要按顺时针方向绕原有的街区来找。

资料来源:(美)小卡尔·迈克丹尼尔,罗杰·盖兹著.范秀成等译.当代市场调研(第四版).北京:机械工业出版社,2004 年 2 月第一版.

引导课文 7:在实施"可操作的抽样计划"之前,项目团队要对该计划进行讨论,这一步很重要。讨论内容包括:计划是否符合实际情况,是否可操作,有否需要调整的地方,是否要根据计划的详细程序实施计划。

现在,我们来完成抽样方案设计的第七个环节——执行可操作性的样本计划:请根据调查方案中团队成员的工作分工,划分调查访问路线和要完成的样本数,并写在空白处,然后按计划严格实施。

【调研实践】1-4　制定一个全国性的概率样本

　　ORC公司制定了一个全国性的概率抽样计划。这是一个永久的抽样框，它消除了重复抽样过程中一些基本的和最复杂的步骤。

　　第一步：抽取县市。将美国大约3 000个县市列成表。这个表按照美国人口普查局的9个基本区域分组，每个区域内按照人口数量排列所包括的县市，每个县市被抽中的概率与其在总人口中的比例相当。

　　第二步：抽取城镇。每个抽中的县市中，全部城镇按照人口数顺序排列，抽取过程同前面抽县市一样，即每个城镇被抽中的概率与其在总人口中的比例相当。

　　第三步：确定调查地点。城镇被抽取后，继而选定调查地点。这些调查起始点从覆盖城镇的电话目录中抽选。

　　第四步：抽取单个家庭。城镇的家庭调查，依其在本地电话簿上的电话号码随机抽取。因为不是所有家庭的电话号码都有登记，所以，实际的调查地点从登记电话号码家庭的邻居开始。这样，美国的每一个家庭都可能进入样本。

　　第五步：抽取单个被访者。单个被访者也是按照抽样方法预先决定的。对于信息需要从家庭中的什么样的成员那里获取，事先要有所规定。准确无误的做法是，当家庭中的任何一个人都满足调查条件时，要按照事先预定的顺序列出家庭成员及其年龄，每个人赋予一个数码。然后随机抽取被访者。

引导课文8：完成了上述七个环节的工作，现在来把七个环节工作的成果整合一下，就可以设计出一份完整、详细、操作可行的调查项目抽样方案了。把你们的抽样方案写在空白处。

引导课文 9：请学生评委组结合前面设计的若干评价指标，设计一份"抽样方案评价指标"，并写在下面。

小结与评价：

1. 学习行为表现监控。

说明：每项学习任务完成后，将监控结果汇总，分别加入团队和个人总成绩。

（1）教师观察每一个团队的学习表现：团队讨论情况、成员的参与情况、任务完成速度与质量等，并及时做好记录。

（2）学习委员记录课堂发言情况：姓名、发言频次等。

2. 任课教师与学生评委组评价。

说明：任课教师与学生评委组成员根据评价指标共同评价，给出每个团队的汇报成绩。

团队代表汇报内容：×××市场调查抽样方案。

3. 学习任务结束后，按团队提交学习成果给任课教师。

市场调研工作页

第二阶段
调查方法与工具设计

本阶段任务描述：

　　市场调查与研究所依赖的数据资料是从调研对象那里获得的，从调查对象那里获得信息的主要方法有两个：问卷法和访谈法。调查问卷和访谈方案是收集和控制调研信息的重要"中介"工具，这些工具设计的质量直接关系到资料信息的真实性、准确性和适用性，进而影响到整个调研结果。因此，调查工具设计在市场调研过程中占有十分重要的地位，也是市场调查工作过程中的难点。能够设计优质的调查工具、熟练使用问卷和访谈的方法开展有效的市场调研，是现代企业管理者必备的专业能力之一。

　　本阶段的核心任务是：讨论设计调查问卷、焦点小组访谈方案（包括访谈提纲）等调研工具，然后有效实施问卷调查和焦点小组访谈。

本阶段学习目标：

通过本阶段的学习，你应该能够：

1. 根据调研目的、调研项目实施的要求，设计一份优质调查问卷；
2. 根据调研目的、调研项目实施的要求，制定焦点小组访谈实施方案；
3. 能够使用主要调查方法和工具开展市场调查，收集第一和第二手资料。

本阶段学习任务：

2-1　调查问卷设计与问卷法；
2-2　焦点小组访谈设计与访谈法；
2-3　观察记录表设计与观察法；
2-4　二手资料收集与案头调查法。

建议学时：32学时。

任务 2-1 调查问卷设计与问卷法

任务背景：

在营销调研中，了解消费者为什么做或者不做一些事的原因是十分重要的。例如，为什么他们购买或者不购买我们的产品？他们喜欢或者不喜欢我们产品的哪些方面？什么或者谁影响了他们的购买行为？同时，了解消费者消费行为决策的过程也是非常重要的。比如，他们是怎样作出购买或者不购买决策的？经历了哪些时间段？他们考察或者考虑了哪些问题？在哪里、什么时间、在谁的影响下作出决策的？下一步他们决定做什么？等等。另外，了解消费者的人口统计特征或生活方式也是很必要的。比如，有关消费者的年龄、职业、收入、受教育程度，甚至婚姻状况、生活习惯等。

调查问卷是为了实现调研目标和收集信息而设计的一系列问题和答案。调查人员把问卷发放（或邮寄）给调查对象，由调查对象自己阅读和填答，然后调查人员再收回问卷，这就是问卷调查法。问卷调查的完成有赖于问卷的有效设计与使用。如果问卷表述不清楚，会使调查对象感到困惑，误导信息的收集。所以，问卷设计的质量如何，直接决定所收集的资料的完整性和准确性，进而影响到调研结果的有效性。设计一份优质问卷既需要专业技能又需要创造力。那么，一份优质问卷应该是什么样的？问卷的设计过程应该包括哪些步骤呢？

学习目标：

完成本项学习任务后，你应该能够：
1. 清楚陈述衡量一份优质问卷的标准；
2. 熟悉问卷设计过程和环节，并能够按照问卷设计程序设计调查问卷；
3. 清楚描述问卷调查法，并使用问卷开展市场调查。

学习任务描述：

在项目负责人的主持下，项目团队自行查阅有关书籍和资料，了解调查问卷及其设计的有关知识；熟悉衡量问卷优质与否的标准，一分标准问卷的结构，设计问卷的一般程序等；然后根据调查目的和调查题目着手设计调查问卷；把问卷设计思路和设计好的问卷制作成幻灯片，选派代表汇报问卷设计过程。学生评委组在任课教师指导下制定"问卷质量评价指标",并对每个团队的汇报给予评价;项目负责带领团队成员实施市场问卷调查。

学习成果:

1. 问卷设计思路;
2. 设计完成的"市场调查问卷";
3. 问卷质量评价指标;
4. 收回的填答完成的调查问卷。

建议学时: 12 学时。

学习与工作任务完成过程:

引导课文 1:通过图 2-1 可以看出,问卷在调研过程中的地位。请收集 1~2 份调查问卷,结合这 1~2 份问卷的调查题目,根据【调研实践】中所提供的优质问卷标准,讨论说明这 1~2 份问卷是否是优质问卷。把结论写在下面的空白处。

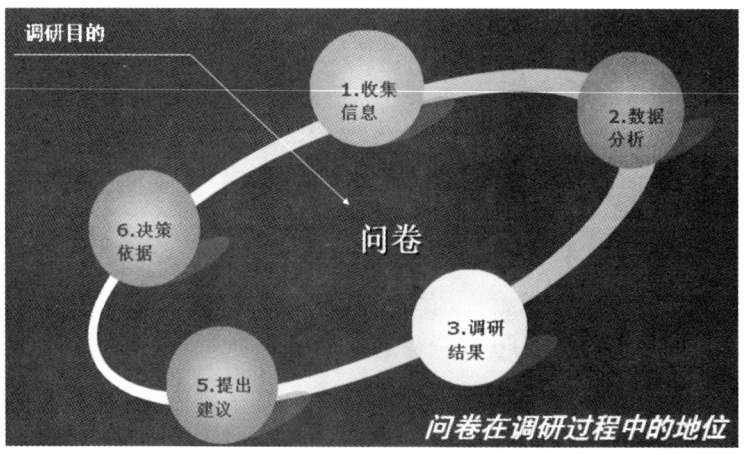

图 2-1 问卷在调研过程中的地位

【调研实践】2-1 一份优质问卷的标准

为了保证问卷的设计质量,必须考虑这样几个问题:问卷是否能够提供必要的管理决策信息;是否适合调查对象的回答;是否便于信息数据的处理。衡量一份问卷的质量应该有以下标准:

1. 问卷要能提供必要的决策信息。问卷的主要作用就是提供管理决策所需的信息,任何不能提供管理或决策信息的问卷都应该被放弃或加以修改。所以,问卷设计好后,要征求调查项目委托方的意见,要得到他们的认可。

2. 问卷要便于调查对象理解和填答

(1)要考虑调查对象的类型。要适合所有潜在调查对象的填答:针对成人的问卷要使用成人语言,针对儿童的问卷要使用孩子的语言。

(2)运用清楚准确的词语。避免使用含糊不清的词语,让调查对象感到困惑,不知如何应答。

(3)运用简单的日常用语。必须避免使用营销专业术语和可能被调查对象误解的词语。

(4)要考虑问卷的长度。问卷要简洁,不宜过长,填答时间在30分钟内为宜,否则调查对象会因疲劳而胡乱填答或中断填答。

(5)问题设计要有逻辑性。前后问题之间要有关联性,避免破坏问题的连续性或递进关系,这样有利于填答时的思考。

3. 开放性问题有利于调查者记录。开放式问题要由调查者逐字记录,所以问卷设计时要考虑方便记录调查对象的回答。

4. 有利于方便快捷地进行数据处理。问卷回收后,要进行审核、编辑和处理,所以在问卷设计时,要考虑便于数据的编码和输入。

【调研实践】2-2 问卷设计过程八步骤

设计一份问卷包括一系列的逻辑步骤,如图2-2问卷设计过程八步骤所示。

市场调研工作页

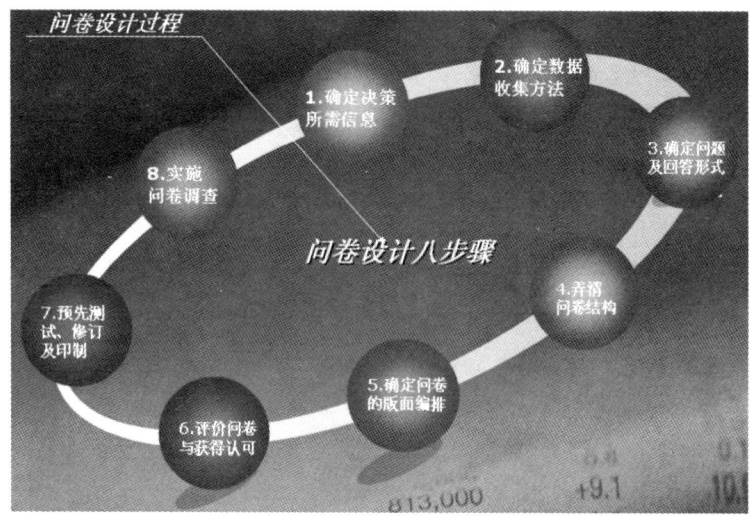

图 2-2

引导课文 2：问卷调查通常是在市场部经理、品牌经理或新产品研发专家做相关决策时感到信息不足时启动的。为了避免问卷设计出错，最明智的做法是请调查项目委托方共同参与问卷设计过程，这对于步骤 1 确定决策所需要的信息尤为重要。

现在，我们来完成问卷设计的第一步：邀请调查项目委托方共同讨论，确定本项调查的目的，即需要通过这项调查为决策者提供什么样的信息。请将讨论结果写在下面的空白处。

引导课文 3：通过填答问卷获取信息的方法很多，每一种方法对问卷设计都有影响。比如街上拦截调查比入户调查更需要考虑时间上的限制；邮寄调查和调查对象自行填答的问卷，问题和答案设计要非常清楚，容易理解，而且问题不宜过多，篇幅不宜过长；电话调查经常需要调查员具有很强的口语表达能力，以保证调查对象理解了正在讨论的问题。

现在，请完成问卷设计的第二步：首先查阅相关书籍或资料，了解通过填答问卷收集信息的具体方法;再根据本项目的调查目的和调查对象的类型,讨论确定你们团队本次问卷获取信息的具体方法。请将讨论结果写在下面的空白处。

1. 通过填答问卷收集信息的具体方法。

2. 你们团队本次问卷获取信息的具体方法。

引导课文 4:现在,请完成问卷设计的第三步:确定问卷的问题及答案形式。问卷是为具体的调查内容服务的,问卷所设计的问题的类型要与调查内容相匹配。在市场调研中,有四种主要的问题类型:事实性问题、行为性问题、动机性问题和态度性问题。请在项目负责人的主持下,查阅相关书籍或资料,弄清楚上述四种问题类型,并把你们在问卷中设计的事实性问题、行为性问题、动机性问题和态度性问题分别填写在下面的空白处。

(1)事实性问题

市场调研工作页

(2)行为性问题

(3)动机性问题

(4)态度性问题

引导课文 5：在市场调研中，有三种主要的问题形式：开放式问题、封闭式问题和量表应答式问题。请在项目负责人的主持下，查阅相关书籍或资料，弄清楚上述三种问题形式，并把你们在问卷中所设计的开放式问题、封闭式问题和量表应答式问题分别填写在相应的空白处。

1. 什么是开放式问题、封闭式问题和量表应答式问题?
(1)开放式问题

(2)封闭式问题(包括填空式、二项选择式、多项单选式、多项限选式、多项任选式、多项排序式)

(3)量表应答式问题

【案例】2-1　量表应答式问题的一种表现形式

说明：监控小组代表在做口头汇报时每种行为发生的频率。
评价："5"表示行为总是发生；"4"表示行为经常发生；
　　　"3"表示行为较少发生；"2"表示行为很少发生；
　　　"1"表示行为没有发生。

1. 身体表现
(1)站直,面向观众　　　　　　　　　　　5　4　3　2　1
(2)面部表情随着表达内容的变化而变化　　5　4　3　2　1
(3)保持与观众眼神的交流　　　　　　　　5　4　3　2　1
(4)适当的手势　　　　　　　　　　　　　5　4　3　2　1
……

2. 请比较不同问题形式各有什么优缺点,填写在相应的空白处。
(1)开放式问题的优点和缺点

(2)封闭式问题的优点和缺点

(3)量表应答式问题的优点和缺点

引导课文 6:同问卷的问题设计一样,封闭式和量表应答式问题的答案设计也影响到调查结果和质量。关于答案的设计,一要注意与所提问题相一致相匹配,二要做到使答案具有穷尽性和互斥性。请在项目负责人的主持下,查阅相关书籍或资料,弄清楚问卷答案的设计要求,举例说明什么是答案的穷尽性和互斥性?并写在下面的空白处。

(1)答案的穷尽性

(2)答案的互斥性

引导课文 7:尽管调查问卷中的问题类型和形式各不相同,但问卷的文本结构往往都包含基本相同的几个部分。现在,请完成问卷设计的第四步:弄清楚问卷的文本结构。请在项目负责人的主持下,结合任课教师提供或自行收集的调查问卷案例,查阅相关书籍或资料,弄清楚调查问卷的文本结构,即问卷由几个部分构成?并写在下面的空白处。

市场调研工作页

引导课文 8：问卷的主体部分，即问题及答案，不能任意编排，根据问题的不同类型和特点，其编排位置都有一定的逻辑性。现在，请参考下面的【调研实践】，结合你们团队调查问卷中问题的内容，完成问卷设计的第五步：确定问卷的版面编排，并写在下面的空白处。

【调研实践】2-3 问卷中问题编排的一般准则

排列顺序	例子	说明
过滤性问题	在过去的一年中，你曾购买过欧莱雅化妆品吗？	为了辨别目标回答者，排除不能满足调查条件的调查对象
最初的调查问题	你拥有何种品牌的化妆品？	易于回答，表明调查很简单，不存在任何威胁，消除防范心理
前1/3的问题	你最喜欢化妆品的哪些特征？	与调查目的有关，需要稍加思考
中间1/3的问题	以下是化妆品的10个特征，请标出你的化妆品所具有的特征	与调查目的有关，问题要逐渐深入争取收集一切所需信息
最后的问题	你的受教育程度是什么？	把与个人有关的敏感问题放在问卷的末尾，以保证与调查关系更密切的问题填答的完整性；另外，此时调查对象已经对调查没有反感了，一般已经愿意提供个人信息了

引导课文 9：问卷草稿设计完成后，要对问卷进行审核评价。现在，我们来完成问卷设计的第六步：问卷审核和获得认可。

1. 问卷审核。问卷审核中要注意这样一些问题：

(1)问题是否必要。是不是每一个问题都与调研目的有关；与调研目的无关或关系不大的问题，应该删除。

(2)问卷是否太长。街上拦截和电话调查的问卷不能超过 20 分钟；入户调查问卷不能超过 40 分钟。

(3)问卷是否提供了调查目标所需的信息。要保证有足够数量和类型的问题，以保证管理者决策所需的信息支持，即实现调研目标。要看看目标有几个，再看看是不是所有目标都包含在问题中了。

(4)问卷的版面排列是否清楚整齐。字迹排列避免太紧，一是影响美观，二是容易因视觉疲劳，影响填答效果。

(5)开放式问题应留有足够的空间，以便获取更丰富的信息。

(6)邮寄和自填问卷的外观设计。邮寄和自填问卷的外观设计直接影响填答率和问卷回收率。因此，设计要正规、排版要规范，用质量好些的纸张打印。

2. 让问卷获得委托方的认可。

把审核定稿问卷的复印件分发给委托方的相关成员，听取他们对调查问卷的意见。得到委托方认可的调查问卷，表明问卷能够提供他们所需要的信息。

引导课文 10：调查问卷获得委托方的认可后，还需要对问卷进行预先测试，以便进一步发现问卷中存在的错误解释、不合适的问题或答案、不合逻辑的地方、不正确的跳跃模式等等，还可以观察了解调查对象的一般反应。对于预先测试获得的信息要进行简单的统计分析，以便对调研结果以及能否实现调研目的有一个大致的估计。

现在，请完成问卷设计的第七步：问卷的预先测试、修订和印制。在项目负责人主持下，在小范围内对问卷进行预先测试，发现问题后对问卷进行修订，然后印制，准备问卷调查的正式实施。

市场调研工作页

    1. 预先测试中发现的问题

    2. 对问卷的修订

    3. 最终定稿

    引导课文 11：学生评委组在任课教师指导下，结合【调研实践】2-1 一份优质问卷的标准，制定一份"问卷质量评价指标"，并写在下面的空白处。

引导课文 12：请在项目主持人的带领下，查阅相关书籍或资料，弄清楚自填问卷调查的具体方法，以及各种具体方法的优点和局限性，写在下面的空白处。

引导课文 13：在问卷调查中，无论使用个别发放法、邮寄填答法，还是集中填答法都有各自的优势和局限性。请在项目主持人的带领下，查阅相关书籍或资料，弄清楚各种方法在使用时应注意的问题，应该掌握的技巧等，写在下面的空白处。

引导课文 14：使用你们已经确定的问卷调查的具体方法，实施本次问卷调查。

小结与评价：

1. 学习行为表现监控。

说明：每项学习任务完成后，将监控结果汇总，分别加入团队和个人总成绩。

(1)教师观察每一个团队的学习表现：团队讨论情况、成员的参与情况、任务完成速度与质量等，并及时做好记录。

(2)学习委员记录课堂发言情况：姓名、发言频次等。

2. 任课教师与学生评委组评价。

说明：任课教师与学生评委组成员根据评价指标共同评价，给出每个团队的汇报成绩。

(1)×××市场调查问卷的设计思路（PPT）；

(2)×××市场调查问卷；

(3)使用问卷调查需要注意的问题和需要掌握的技巧；

(4)问卷调查实施中遇到了哪些问题或困难，你们是如何解决和克服的？

3. 学习任务结束后，按团队提交学习成果给任课教师。

任务 2-2 焦点小组访谈设计与访谈法

任务背景：

结构性访谈是市场调查中收集信息资料的又一重要的方法类型，是调查人员根据事先设计好的访谈提纲或问题，采取口头询问和交谈的方式，向调查对象了解市场情况、收集有关市场现象和问题等信息的过程。

在多种结构性访谈的具体方法中，焦点小组访谈已成为市场调研中日益重要的收集信息的方法。焦点小组一般由 8～12 人组成，在一名主持人的引导下对某一专题进行深入讨论，目的在于深入了解和理解人们对某一组织、某种产品的想法及其原因。焦点小组访谈成功的关键是使小组成员对主题进行充分和详尽的讨论，来自各个职业领域的小组成员对调研专题表达出全面而深入的看法和观点，能够让调查者获得极为丰富的信息。

学习目标：

完成本项学习任务后，你应该能够：

1. 设计焦点小组访谈实施指南（或方案）；
2. 清楚陈述结构性访谈的优势和局限性，以及在使用中需要注意的问题和掌握的技巧；
3. 按照实施指南（或方案）成功组织一次焦点小组访谈。

学习任务描述：

在项目负责人的主持下，项目团队首先查阅相关资料，了解结构性访谈的有关知识；弄清楚焦点小组访谈及其实施前需要做好哪些准备，焦点小组访谈指南的结构与内容。然后着手编制焦点小组访谈指南，为小组访谈的实施做好准备。最后把焦点小组访谈的设计思路制作成幻灯片，与焦点小组访谈指南一并选派代表进行汇报。学生评委组在任课教师指导下制定二份评价指标，一是"焦点小组访谈指南"评价指标；二是"焦点小组访谈情况"评价指标。

学习成果：

1. 焦点小组访谈的设计思路及幻灯片；
2. 设计完成的"焦点小组访谈指南"；

3. 撰写一份焦点小组访谈报告；

4."焦点小组访谈指南"评价指标；

5."焦点小组访谈情况"评价指标。

建议学时：12 学时。

学习与工作任务完成过程：

引导课文 1：结构性访谈是一种高度控制的调查方法类型，实施中，有几种具体的方法？他们都有哪些优势和局限性？请在项目负责人的主持下，查阅相关资料弄清楚这些问题，写在下面的空白处。

引导课文 2：为了保证结构性访谈的顺利进行，实施中需要注意哪些问题，掌握哪些技巧？请项目团队讨论，弄清楚这些问题，写在下面的空白处。

引导课文 3：焦点小组访谈需要事先进行周密的策划。策划过程包括：焦点小组访谈准备、选择主持人、编制焦点小组访谈指南、撰写焦点小组访谈总结或报告。现在，我们每个团队来完成焦点小组访谈策划的第一步：焦点小组访谈准备。在项目负责人的主持下，结合调研目的和调研内容讨论，什么样的环境有助于焦点小组访谈的成功？访谈小组的成员应该具备什么条件，怎样征选？把讨论结果写在下面的空白处。

1. 你们的焦点小组访谈准备在什么样的环境中举办？

2. 你们制定的访谈小组成员的资格标准是什么？

3. 你们的访谈小组成员准备怎样征选？

引导课文 4：选择一个优秀的主持人是焦点小组访谈成功的关键因素之一。现在，我们每个团队来完成焦点小组访谈策划的第二步：选择主持人。在项目负责人的主持下，结合调研目的和调研内容，以及访谈小组成员的特点，讨论确定你们准备选择一个什么样的主持人？把你们认为的主持人应该具备的条件写在下面的空白处，同时为你们的焦点小组访谈选定一个主持人。

【调研实践】2-4　焦点小组访谈主持人的关键个性特征和技巧

1. 具有与客户相契合的个人作风：对人、对人的行为、情感、生活方式、激情及观点真正感兴趣。
2. 无条件地接受并积极对待人与人之间的区别，尤其是与自己的生活截然不同的人。
3. 具有良好的倾听技巧：善于观察细节，既要能听到说出来的，也要能听懂没有说出来的潜台词。
4. 具有良好的观察技巧：能观察到正在发生的和没有发生的细节，善于理解肢体语言。
5. 具有良好的口头和书面交流技巧：善于清楚地表达自己，并能在不同规模和类型的场合及群体中很好地表达自己。
6. 具有广泛的兴趣，能使自己完全融入所讨论的话题，能很快学会必需的知识和语言。
7. 能够客观地对待一切：能够抛开个人的思想和感情，听取他人的观点和主张。
8. 具有调研、营销和广告方面扎实的基础知识，了解基本原理，并能进行实践；具有较好的组织能力。
9. 具有灵活性，善于面对不确定性，思维敏捷，能够迅速作出决策。
10. 具有较强的感悟力和敏感性，以及准确的感知能力。

主持人在与调研委托方沟通方面，应具有的能力和技巧：

1. 具有比较详细地了解客户业务内容的能力，善于与整个项目组融为一体，能够获得高级管理层的信任。
2. 具有在项目的策划以及实施阶段发挥战略领导作用的能力，能够改进总体的调研设计,并能够为决策提供更为需要的信息。

3. 在调研过程的每个阶段,包括之前、之中和之后,为客户提供正确的反馈信息。

4. 具有可靠性、可信赖性、责任心、独立精神和克服困难的顽强意志。

引导课文 5:通常,访谈指南在编制之前,要与调查委托方及访谈小组成员充分沟通,了解他们最需要的和必须要讨论的话题。现在,在项目负责人的主持下,结合本项调研的目的和内容,以及委托方的要求,讨论确定,并列出小组访谈中要讨论的所有话题,将话题分类写在下面的空白处。

引导课文 6:为了保证焦点小组访谈的成功,需要编制一份详细的访谈指南。访谈指南是关于访谈所要涉及话题的概要,包括四个部分:首先,建立友好关系。在主持人的引导下,小组成员相互认识;第二,主持人宣布访谈规则;第三,主持人逐一提出讨论话题,并引导小组成员积极发言和深入讨论;第四,主持人总结访谈过程和讨论结果。

现在,每个团队结合【案例】2-3 大学生信用卡观念焦点小组访谈指南,完成你们本项调查的焦点小组访谈策划的第三步:编制焦点小组访谈指南,并写在下面的空白处。

【案例】2-3　大学生信用卡观念焦点小组访谈指南

一、主持人解释焦点小组访谈及其规则(大约10分钟)

(1)解释焦点小组访谈法。
(2)没有正确答案——只要说出自己的观点。
(3)要倾听他人的发言。
(4)我的一些同事在现场观察,他们对你们的观点非常感兴趣。
(5)全程录音和录像。因为我想全神贯注地提取你们的发言和观点,没有办法记录。
(6)要耐心等待他人发表自己的观点。
(7)不要向我提问,你们的想法和感受才是最重要的。
(8)如果你对我们讨论的话题了解的不多,也不要觉得难过,这对我们也是重要的信息。
(9)不要在意自己的观点与别人不同,我们并不要求所有的人都持相同的观点,除非事实就是如此。
(10)我们要讨论一系列话题,请及时发表你对讨论话题的观点,否则我们就要转入下一个话题了。

二、对信用卡的态度和信用卡的使用情况(25分钟)

(1)有多少种主要的信用卡?你用什么信用卡?你是什么时候拥有这些卡的?
(2)为什么你要使用这些信用卡?你是如何得到这些信用卡的?
(3)你最常用的是什么信用卡?为什么经常使用它呢?你常使用信用卡的目的是什么?
(4)大学生申请信用卡是不是很难?是否有些信用卡容易得到?如果有,是什么卡?大学生是不是很难得到一张好的信用卡,或者"合意"的信用卡?
(5)目前,你对信用卡及其使用的态度如何?当你拥有一种信用卡后,你的态度是否有所改变?如何改变的?

三、桌面广告设计(25分钟)

主持人向小组成员出示几种信用卡桌面广告设计,每一种广告都代表不同产品和服务的若干广告中的一种。请小组成员说出对不同广告及其设计的第一反应,然后讨论每一种设计。

1. 出示第一种广告
(1)每人说出自己的第一反应。
(2)讨论第一种广告及其设计。

a. 你对这种广告设计的第一反应是什么?你喜欢这种设计吗?你喜欢设计的什么地方?不喜欢什么地方?

b. 你会仔细阅读广告词吗?你会被它吸引吗?为什么会?为什么不会?它有什么吸引人的地方?

2. 重复第二种广告设计的讨论。

3. 重复第二种广告设计的讨论。

4. 出示所有的广告设计。

(1)在这些广告中,如果有的话,哪种最可能吸引你的注意?会让你仔细阅读,为什么?

(2)哪一种最不可能吸引你的注意,为什么?

四、宣传册与随赠品(25分钟)

主持人出示信用卡的赠品,这些赠品与上面展示和讨论过的广告相配套。主持人出示每一种宣传册和赠品,小组成员说出第一反应,然后对赠品进行讨论。

1. 出示第一种宣传册和赠品。

(1)每个小组成员都要说出第一反应。

(2)讨论:

a. 你的第一反应是什么?

b. 你特别喜欢赠品的什么地方?特别不喜欢的是什么地方?

c. 你理解赠品的含义吗?

d. 你认为这是一种很重要的利益吗?

e. 你会为了这种赠品而申请信用卡吗?为什么?

f. 这种信用卡会取代你现在所用的信用卡吗?

g. 你会考虑使用这种信用卡吗?

h. 毕业后你还会继续使用这种信用卡吗?

i. 考虑到赠品,这种信用卡与你最常用的信用卡相比如何?

j. 在多大程度上你会使用这种卡?为什么会?为什么不会?你打算真的使用这种卡,还是只是拥有它?你打算毕业后还保留它吗?

2. 重复第二种宣传册和赠品。

3. 重复第三种宣传册和赠品。

4. 出示所有的宣传册和赠品。

(1)最佳的赠品是什么?为什么?

(2)考虑到赠品,你会考虑选择哪一种信用卡?为什么?

五、信用卡设计(20分钟)

主持人出示附带环保赠品的三种信用卡的设计模式,按照前两次的方式进行讨论。

1. 出示第一种设计

(1)每个小组成员说出第一反应

市场调研工作页

（2）讨论：

a. 你的第一反应是什么？设计中你特别喜欢的是什么？不喜欢的是什么？

b. 在设计中是否有什么东西令你上学期使用它时感到不舒服？毕业后又如何？

2. 重复第二种宣传册和赠品。

3. 重复第三种宣传册和赠品。

4. 出示所有设计。

（1）如果有的话，这些卡中你会用哪一种？喜欢哪一种？

（2）你是否不会使用哪一种卡？为什么？

资料来源：（美）小卡尔·迈克丹尼尔，罗杰·盖兹著.范秀成等译.当代市场调研（第四版）.北京：机械工业出版社，2004年2月第一版.

引导课文 7：焦点小组访谈结束后，可根据委托方的要求和调研方案的规定，调研者可以以正式书面的形式撰写一份访谈报告或简要的印象性的总结，单独提交调研委托方，也可以将访谈结果与问卷调查结果汇总，写一篇综合性调研报告提交委托方。

现在，每个团队根据调研方案和访谈指南，组织一次焦点小组访谈，并撰写提交一份访谈报告。请把你们团队访谈报告的要点写在下面的空白处。

1. 陈述组织焦点小组访谈的目的

2. 描述访谈小组成员的组成及个人基本情况

3. 指出小组访谈中所讨论的话题

4. 总结访谈中的发现和结果,并提出建议

引导课文 8:学生评委组在任课教师指导下制定"焦点小组访谈指南评价指标"和"焦点小组访谈情况"评价指标,写在下面的空白处。

小结与评价：

1. 学习行为表现监控。

说明：每项学习任务完成后，将监控结果汇总，分别加入团队和个人总成绩。

(1)教师观察每一个团队的学习表现：团队讨论情况、成员的参与情况、任务完成速度与质量等，并及时做好记录。

(2)学习委员记录课堂发言情况：姓名、发言频次等。

2. 项目组汇报，任课教师与学生评委组评价。

说明：任课教师与学生评委组成员根据评价指标共同评价，给出每个团队的汇报成绩。

(1)结构性访谈有哪些具体的方法？实施中需要注意哪些问题？掌握哪些技巧？

(2)焦点小组访谈的设计思路(PPT)和"×××焦点小组访谈指南"。

(3)焦点小组访谈组织实施情况。

3. 学习任务结束后，按团队提交学习成果给任课教师。

任务 2-3　观察记录表设计与观察法

任务背景：

为了重新设计一次性尿布，一位调查人员花了 200 个小时，观察母亲们给孩子换尿布的过程……为了收集商店经营的相关数据，比如，商品的摆放是否整齐，雇员是否微笑着迎接顾客等等，经常采用神秘购物者观察。可见在营销调研中，观察也是常用的一种调研方法。观察中，不采用提问或交流的方式，而是系统地记录人的行为模式，事件或现象发生的经过。观察既包括观察人，又包括观察现象，观察的过程既可由人来进行，也可由机器来完成。通过观察，调查者不仅听见消费是如何说的，更重要的是看到了他们是如何做的；但遗憾的是，调查者无法确切了解消费者的动机、态度和感觉，这也是观察法的局限性。

学习目标：

完成本项学习任务后，你应该能够：
1. 清楚描述观察法及其使用的条件、优势及局限性；
2. 根据观察人或现象的需要，设计观察记录表；
3. 根据调查项目的需要，采用观察法收集市场信息。

学习任务描述：

在项目负责人的主持下，项目团队自行查阅有关书籍和资料，了解观察法及其种类、使用的条件、优势及局限性；参考任课教师提供的观察记录表，设计适用于本团队调查项目的观察记录表；将观察法的有关知识制作成 PPT，连同所设计的观察记录表一并选派代表汇报。学生评委组在任课教师指导下制定"观察记录表设计与观察法学习情况评价指标"；项目负责人带领项目团队组织实施一次市场观察。

学习成果：

1. 观察法有关知识的 PPT；
2. 设计完成的"市场观察记录表"；
3. 市场观察后，填写完成的"市场观察记录表"。

建议学时： 4 学时。

学习与工作任务完成过程：

引导课文 1：市场调研中，观察法主要是观察、记录消费者的行为信息，以便掌握更真实的消费者购买行为资料。请项目组查阅资料并讨论：什么是观察法？市场调研实施中有哪些具体的观察方法？市场调研观察需要具备什么样的条件？观察法有哪些优势及局限性？写在相应的空白处。

1. 请举例说明什么是观察法？

2. 市场调研实施中有哪些具体的观察方法？

3. 市场调研观察需要具备什么样的条件？

4. 观察法有哪些优势及局限性？

引导课文 2：服务影响销售、顾客的满意度，进而影响顾客对商品的忠诚度，最终决定企业的利润和竞争力。神秘购物者可以告诉管理者："一线人员"是否一贯地坚持公司的标准对待消费者，为消费者提供服务。请查阅资料，描述什么是"神秘购物者"？写在下面的空白处。

【调研实践】2-5　神秘购物者评价表

书店经营情况观察
书店名：　　　　　　　　　　日期：
进入书店的时间：　　　　　　离开书店的时间：
等候服务员的时间：　　　　　分钟（1　2　3　4　5）
问题（三项全部做到得5分）
(1)——微笑着迎接顾客；
(2)——主动提问"我能为您做些什么"？
(3)——至少提出一个附加性问题来帮助顾客；
(4)是——否——带顾客到书店相应的区域；
(5)是——否——向顾客介绍两种相关书籍。

资料来源：(美)小卡尔·迈克丹尼尔，罗杰·盖兹著.范秀成等译.当代市场调研(第四版).北京：机械工业出版社，2004年2月第一版.

引导课文 3：参考【调研实践】2-5　神秘购物者评价表，结合团队调查项目完成的需要，设计一份实地观察记录表，比如，顾客品牌意识观察记录表，写在下面的空白处。

市场调研工作页

引导课文 4：运用所设计的"顾客品牌意识观察记录表"，组织一次实地观察，把观察过程、遇到的问题或困难，解决方法等，写在下面的空白处。

小结与评价：

1. 学习行为表现监控。

说明：每项学习任务完成后，将监控结果汇总，分别加入团队和个人总成绩。

(1)教师观察每一个团队的学习表现：团队讨论情况、成员的参与情况、任务完成速度与质量等，并及时做好记录。

(2)学习委员记录课堂发言情况：姓名、发言频次等。

2. 项目组讨论并汇报。

(1)有人说，人们买东西并非为了它的用途，而是为了它的意义。联系观察调研法讨论这一说法。

(2)假如你是某蛋糕品牌食品的生产商,你想了解有关市场份额、竞争对手的价格、最佳销售地点等情况。请讨论设计观察内容,说明为什么。

3.学习任务结束后,按团队提交学习成果给任课教师。

任务2-4 二手资料收集与案头调查

任务背景:

通过问卷、访谈、观察等方式收集到的市场信息和资料,主要是原始资料,即第一手资料。但是,要想全方位了解某一目标市场的情况,了解这一目标市场的过去和现在,预测其将来,除了要占有大量的第一手资料外,还需要收集第二手资料。文案调查就是针对第二手资料的收集而言的。二手资料是通过他人的收集、记录和整理,不断积累起来的来自于企业内部和外部的现成信息。

在市场调研中,文案调查有着不可或缺的作用,是一种重要的市场调研方法,受到各国调研人员的重视。文案调查是实地调查的前期准备,为实地调查提供经验和背景资料。在实地调查之前,要明确调查背景、调查目的,确定调查内容,要制订调查方案,由此做到心中有数,才能使后续的实地调查有的放矢。

学习目标:

完成本项学习任务后,你应该能够:
1. 区分原始资料和二手资料,明确它们的优点和不足;
2. 描述文案调查、二手资料获取的途径及文案调查的步骤;
3. 了解计算机网络在获取二手资料中的作用,并能利用网络收集所需二手资料。

学习任务描述:

在项目负责人的主持下,项目团队自行查阅有关书籍和资料,了解与二手资料及文案调查有关的知识;区分原始资料和二手资料,明确它们的优点和不足;采取有效途径为团队本次调查收集所需的二手资料,制作成幻灯片,选派代表汇报。

学习成果:

1. 二手资料和文案调查法有关知识的幻灯片;
2. 与团队调查项目有关的二手资料;
3. 小结与评价部分的讨论作业。

建议学时: 4学时。

学习与工作任务完成过程：

引导课文 1：作为未来的市场营销人员需要掌握文案调查方法，学会用文案调查法收集所要的信息。请在项目负责人的主持下，项目团队自行查阅有关书籍或信息，了解与二手资料及文案调查有关的知识，写在下面的空白处。

1. 文案调查及其特点（优点与不足）。

2. 文案调查资料的来源。

3. 文案调查资料的收集方法。

市场调研工作页

引导课文 2：作为未来的市场营销人员要清楚地了解二手资料的作用，学会二手资料的收集方法。请在项目负责人的主持下，项目团队自行查阅有关书籍或信息，了解二手资料的相关知识，区分原始资料和二手资料，明确它们的优点和不足，写在下面的空白处。

1. 区分原始资料和二手资料。

2. 原始资料和二手资料各自的优点与不足。

引导课文 3：二手资料是通过他人的收集、记录和整理，不断积累起来的来自于企业内部和外部的现成信息。这些信息通常以什么样的形式而存在，具体包括那些内容呢？请在项目负责人的主持下，项目团队查阅有关书籍或信息，弄清楚这些问题，写在下面的空白处。

引导课文 4：请继续查阅书籍，弄清楚利用文案调查法获取二手资料的途径及步骤，写在下面的空白处。

引导课文 5：请继续查阅书籍，了解计算机网络在获取二手资料中的作用，并利用网络收集完成本次调查所需的二手资料。

小结与评价：

1. 学习行为表现监控。

说明：每项学习任务完成后，将监控结果汇总，分别加入团队和个人总成绩。

(1) 教师观察每一个团队的学习表现：团队讨论情况、成员的参与情况、任务完成速度与质量等，并及时做好记录。

(2) 学习委员记录课堂发言情况：姓名、发言频次等。

2. 你作为刚刚来到某汽车制造企业营销部门的市场营销专业的毕业生，

市场调研工作页

接到一项比较紧急的任务:分析中国市场上的汽车产品组合,要对不同细分市场进行背景分析。例如。经济实用型汽车、跑车、豪华型汽车等,并要向高级管理者汇报未来年内中国市场上汽车产品需求的初步结论(10年内汽车市场的潜力和未来趋势)。

请项目组分工合作,完成上述文案调查任务,撰写简洁的调查报告,制作PPT,并汇报。具体内容是:

(1)中国经济实用型汽车、跑车、豪华型汽车市场目前的规模;
(2)中国经济实用型汽车、跑车、豪华型汽车市场的增长趋势;
(3)目前,经济实用型汽车、跑车、豪华型汽车市场上的领导品牌;
(4)在未来10年内,将影响汽车市场的人口变化趋势;
(5)其他你们认为有关的因素;
(6)你所在的公司应该扩大哪种类型汽车的市场份额?

3. 学习任务结束后,按团队提交学习成果给任课教师。

第三阶段
调查数据处理与描述统计分析

本阶段任务描述：

问卷调查完成后，怎样才能将包含在问卷中的数据变为统计分析所需要详细信息，又如何对这些调查信息进行初步的统计分析呢？完成这一工作，你们需要学会遵循五步程序进行资料的整理与分析：确认和编辑（保证问卷质量）、编码、数据录入、制表制图和统计分析。

问卷质量监控，首先要做的是数据的确认，也就是尽可才能地保证每份问卷都是有效的，即问卷调查是以指定的方式和程序进行的。在确认工作完成后，便要进入数据的编辑程序。编辑涉及检查调查人员的失误，确保每个需要回答的问题都有答案，跳跃方式正确，并对开放性问题的答案进行审核。

编辑工作完成后要给数据编码。调查中的大部分问题是封闭式的，预先编码的。也即是说，对这类问题的不同答案事先已经设定了编号。对于开放性问题，调研人员事先并不清楚答案，因此，必须在事后列出这部分问题的答案，将答案合并分类并编码。设计出编码表后，再根据编码表上的类别，对每份问卷进行编码。

在确认、编辑和编码后，要进行数据录入。将数据录入计算机内，由计算机统计分析软件代替我们去做大量繁琐的运算，完成数据统计过程。

接下来是根据数据制表和制图。最基本的表格是单项频次统计表，显示出就每一个问题调查对象给出的每一个可能答案的人数。使用单项频次表时，需要注意的问题是百分比的计算标准。下一步是制作交叉分组表，以检验一个问题的答案同其他一个或多个问题的答案之间的联系。交叉分组表是概括和分析调查结果的一种非常有效、又易于理解的方法。另外，对于特别重要的调查结果，还可以用图形更充分更有效地表达。

本阶段最后一个也是最重要的任务就是数据的统计分析。统计方法对于数据分析而言尤为重要。最基本的统计方法是估计集中趋势，如算术平均数、中位数和众数。算术平均数是把某一特定变量的所有观察值加总，再除以观察的次数,它只适用于等距或等比数据。中位数是指处于中间位置的观察值,有的观察值比它小。中位数适用于除类别数据外所有类型的数据。众数是指发生频次最高的数据值。到目前为止,算术平均数是反映集中趋势最常用的指标。

本阶段学习目标:

通过本阶段的学习,你应该能够:
1. 理解和陈述问卷质量监控和检测的重要性及其性质;
2. 能够进行数据的编辑与编码;
3. 学会数据录入过程及其方法;
4. 学会将数据表格化、图形化的方法;
5. 运用统计分析方法对数据进行基本的描述统计分析。

本阶段学习任务:

3-1 数据的确认与编辑;
3-2 数据的编码;
3-3 数据的转换与录入;
3-4 数据的制表和图形化;
3-5 数据的描述统计。

建议学时:8学时。

任务 3-1　数据的确认与编辑

任务背景：

数据收集已经完成，所有填答完成的问卷也已收齐。现在，你面对着一大堆问卷，需要着手完成资料的确认和编辑（问卷质量监控），这是数据处理过程的第一步。第一步非常关键，否则就应验了"进垃圾出垃圾"的谚语。问卷质量监控，首先要做的是数据确认，也就是尽可能地保证每份问卷都是有效的，即问卷调查是以指定的方式和程序进行的。在确认工作完成后，便要进入数据的编辑。编辑涉及检查调查人员的失误，确保每个需要回答的问题都有答案，跳跃方式正确，并对开放性问题的答案进行审核。

学习目标：

完成本项学习任务后，你应该能够：
1. 理解和陈述问卷质量监控和检测的重要性及其性质；
2. 完成数据的确认、编辑整理过程。

学习任务描述：

在项目负责人的主持下，项目团队自行查阅有关书籍和资料，了解调查数据确认和编辑的重要性，学会调查数据确认和编辑的方法。做好本团队调查项目数据的确认和编辑整理工作。将完成的学习任务制作成PPT，选派代表汇报。

学习成果：

1. 调查数据确认和编辑相关知识的PPT；
2. 确认、编辑整理完成的"问卷调查数据"；
3. "小结与评价"中的三个讨论题。

建议学时： 1学时。

学习与工作任务完成过程：

引导课文 1：对确认调查问卷是否有效是市场调研项目中数据分析过程内在的、必不可少的步骤。进行数据确认，目的是保证问卷的质量，即确定整个问卷调查过程都是按照调查方案中指定的程序进行的，并且调查问卷都被完整地填答完成。请根据这一原理，在项目负责人的主持下，对回收的问卷进行确认，剔除废卷。

发放问卷份数：

剔除废卷份数：

问卷回收率：

引导课文 2：在数据确认中，无论是入户调查、购物中心的拦截调查，还是电话访谈，都需要检查调研人员有否作假行为。请根据问卷中提供的调查对象的姓名、地址和电话进行确认，对调查对象进行 10%～20% 比例的电话复查。电话复查的内容是：
(1)确认此人是否真正接受了调查？
调查对象 1：

调查对象 2：

调查对象 3：
……

(2)调查对象是否符合条件？
调查对象 1：
职业
收入
性别
调查对象 2：
职业

收入
性别
……

(3)确认调查是否按照指定的方式和规定的条件进行的?
调查对象1：

调查对象2：

调查对象3：
……

(4)确认调查是否完整(所有的问题都是由调查对象填答的吗?)
调查对象1：

调查对象2：

调查对象3：
……

(5)其他问题：
调查对象1：
调查人员是否礼貌对待调查对象：
有否说明调查目的：
对调查人员的意见：
调查对象2：

市场调研工作页

调查人员是否礼貌对待调查对象:
有否说明调查目的:
对调查人员的意见:
调查对象 3:
调查人员是否礼貌对待调查对象:
有否说明调查目的:
对调查人员的意见:
……

引导课文 3:确认是对问卷质量的监控过程,而编辑整理是对调查人员和调查对象的应答错误进行检查的过程。通常,在数据正式录入计算机之前,问卷至少要经过两次的编辑整理。编辑整理过程由人工操作,包括下面一系列问题的检查。请在项目主持人的带领下,根据下面的内容编辑整理调查问卷,将发现的问题记录在空白处。

(1)检查调查人员有否漏问的问题和漏记(漏填)的答案。

(2)核实问卷:调查对象是否按照规定和要求的填答模式进行问卷填答的,比如,规定的跳跃模式。

(3)检查开放性问题的答案,对非标准答案作出判断。
集中进行问卷调查时,开放性问题的答案一般由调查对象自己填答;个别问卷调查时,开放性问题的答案一般由调查人员记录,而且要逐字、逐句据实记录,不可以任何方式重新释意、改变表达方式或插入自己的语言。

〔调研实现〕3-1　开放性问题答案记录不当

1. 你为什么在众多的快捷、方便的餐馆中选择经常去汉堡王?

回答记录:顾客似乎觉得汉堡王有更加美味的食物和一流的服务。

不当之处:调查员对调查对象的回答按照自己的理解进行了释意。

2. 你为什么在众多的快捷、方便的餐馆中选择经常去汉堡王?

回答记录:因为我喜欢它。

不当之处:调查员没有进一步问清楚:为什么喜欢它?你喜欢它什么?所以使答案对于调查毫无用处。

资料来源:(美)小卡尔·迈克丹尼尔,罗杰·盖兹著.范秀成等译.当代市场调研(原书第四版).北京:机械工业出版社,2004年2月第一版.

小结与评价:

1. 学习行为表现监控。

说明:每项学习任务完成后,将监控结果汇总,分别加入团队和个人总成绩。

(1)教师观察每一个团队的学习表现:团队讨论情况、成员的参与情况、任务完成速度与质量等,并及时做好记录。

(2)学习委员记录课堂发言情况:姓名、发言频次等。

2. 项目负责人组织讨论,完成下列作业。

(1)什么是编辑过程?调查人员如发现开放式问题的答案不够完整,能否加入自己的观点?请说明理由。

市场调研工作页

(2)请举一个有跳跃式问题的问卷,并说明:为什么说严格遵循跳跃模式填答问卷是十分重要的?

(3)杰克是一名调查员,他进行了50份问卷调查。调查审核人员对其中的10份问卷进行了电话复查。有一份问卷:调查对象称其年龄属于30～40之间,但在问卷上填写的是20～30之间。第二份问卷:对于"市政府面临的最重要问题是什么"的问题,答案是"急于提高税率"。但当审核人员对这份问卷进行复查时,调查对象的回答是"该城市的税率过高,急需降低"。作为一名审核人员,你认为杰克是否诚实?是否可以认为这50份问卷均有效,可以接受?如果答案是否定的,接下来你该怎么做?

3. 学习任务结束后,按团队提交学习成果给任课教师。

任务 3-2　数据的编码

任务背景：

数据的编辑整理工作完成后，要给数据编码。调查中的大部分问题是封闭式的，预先编码的。也即是说，对这类问题的不同答案事先已经设定了编号。对于开放性问题，调研人员事先并不清楚答案，因此，必须在事后列出这部分问题的答案，将答案合并分类并编码。设计出编码表后，再根据编码表上的类别，对每份问卷进行编码。

学习目标：

完成本项学习任务后，你应该能够：
1. 对问卷中开放性问题的答案进行合并、分类和编码；
2. 对每份问卷进行编码。

学习任务描述：

在项目负责人的主持下，项目团队自行查阅有关书籍和资料，了解调查数据编码的必要性，学会问卷编码的方法。做好本团队调查问卷的编码工作。将完成的学习任务制作成 PPT，选派代表汇报。

学习成果：

1. 开放性问题答案的合并、分类和编码结果；
2. 问卷编码表；
3. "小结与评价"中的讨论题。

建议学时：2 学时。

学习与工作任务完成过程：

引导课文 1：编码是指对一个问题的不同回答进行分组和确定数字代码的过程。问卷中的大多数问题都是封闭式的，答案事先已经设定了编号，就是说全部封闭性问题预先都已编码。参见案例 3-1，调查对象选择的答案是"6～10"，所以本问题的编码为"3"，以③表示，以示区别。参考案例 3-1，为你们团队调查问卷中的全部封闭性问题编码,并在问卷中标示出来。

【案例】3-1　封闭式问题的编码

通常情况下,你一天会打多少次电话?
0～2 ·· 1
3～5 ·· 2
6～10 ·· ③
11～15 ··· 4
16～20 ··· 5
20次以上 ·· 6
不知道 ·· 7

资料来源:(美)小卡尔·迈克丹尼尔,罗杰·盖兹著.范秀成等译.当代市场调研(原书第四版).北京:机械工业出版社 2004 年 2 月第一版.

引导课文 2:开放式问题与封闭式问题不同,调查人员事先无法设计答案,调查对象的回答也是五花八门。所以,对开放式问题进行编码是一项冗长乏味并且耗时的工作,而且这个过程在某种程度上是主观性的。因此,可能的情况下调查中避免使用开放式问题。那么,如何对开放式问题进行编码呢?请遵循以下引导课文,逐步完成你们问卷中开放式问题的编码。

第一步:列出答案清单。请参考【调研实践】3-2,准备好一份列有全部开放式问题答案的清单(大型调查很繁琐啊!)。

【调研实践】3-2　某一开放式问题答案清单

问题:为什么你喜欢喝那个牌子的啤酒(品牌已在前面的问题中提到过)
回答:

1. 因为他口味好。
2. 它具有最好的味道。
3. 我喜欢它的口味。
4. 我不喜欢其他啤酒太重的口味。
5. 他最便宜。
6. 我买任何打折的啤酒,它大部分时间都在打折。
7. 它不像其他牌子的啤酒那样使我的胃不舒服。
8. 其他牌子使我头痛。
9. 我总是选择这个品牌。

10. 我已经喝了多年了。
11. 它是大多数同事都喝的品牌。
12. 我的所有朋友都喝它。
13. 这是我妻子在食品店中买的牌子。
14. 这是我妻子(丈夫)最喜欢的牌子。
15. 我没有想过。
16. 不知道。
17. 没有特别的原因。

资料来源:(美)小卡尔·迈克丹尼尔,罗杰·盖兹著.范秀成等译.当代市场调研(原书第四版).北京:机械工业出版社,2004年2月第一版.

引导课文 3:全部开放式问题答案的清单准备好后,第二步要合并答案。调查对象对开放式问题的回答虽然是各种各样的,但一些回答在本质上是一致的,对于这样的答案可以适当地合并为一类。合并答案完成后,就得到一份答案合并分类编码表。请参考【调研实践】3-3,制作一份开放式问题答案的合并分类编码表。

【调研实践】3-3   对【调研实践】3-2中开放式问题答案的合并分类编码

答案类别描述	【调研实践】3-2中答案归类	分配的数字编码
口味好/喜欢味道比其他味道好	1,2,3,4	1
低/较低的价格	5,6	2
不会引起头痛/胃不适	7,8	3
长时间喝/习惯	9,10	4
朋友喝/受朋友影响	11,12	5
妻子/丈夫喝/买	13,14	6
不知道	15,16,17	7

资料来源:(美)小卡尔·迈克丹尼尔,罗杰·盖兹著.范秀译著等译.当代市场调研(原书第四版).北京:机械工业出版社,2004年2月第一版.

引导课文 4:对于有些开放性问题答案的分类,还需要进行主观判断。比如,【调研实践】3-2中的答案4"我不喜欢其他啤酒太重的口味",应该归入第

市场调研工作页

一类合适,还是应该单独归为一类合适呢?这些决定需要由资深调查人员作出,有时也需要听取委托方的意见。你们的问卷中有类似问题吗?你们是如何归类的?如果单独归类要分配数字编码,请写在下面的空白处。

引导课文5:所有开放性问题答案合并、分类和编码完成后,接下来需要在问卷上标出全部问题的编码。请参考【调研实践】3-4,完成全部问卷的编码。

【调研实践】3-4 问卷编码及其标示

××市区移动电话客户调查问卷

时间:

客户电话:205—555—2322

您好!我是电信调查员,正在进行一项移动电话客户问卷调查。作为调查对象您是随意抽取的,我并不打算向您推销产品,只想问您几个关于新的电信服务的问题。谢谢您的合作!

1. 通常情况下,你一天会打多少次电话?

0~2 ………………………………………………………………… 1
3~5 ………………………………………………………………… 1
6~10 ……………………………………………………………… ③
11~15 ……………………………………………………………… 4
16~20 ……………………………………………………………… 5
20次以上 …………………………………………………………… 6
不知道 ……………………………………………………………… 7

2. 现在,我们新推出一种移动电话业务,它是完全无线的,可以放在您的口袋里,您可以随时随地接听和拨打电话,方便省时。移动电话的通话费为26美分/分钟,最低费用为7.50美元/月,另加正常收费;每部移动电话的租金40美元/年,当然,您如果购买移动电话,就省去了租金。

按照这种情况,您认为您很有可能、有可能、不大可能或非常不可能成为移动电话的用户吗?

很有可能 …………………………………………………………… 1

有可能 …………………………………………………………………… ②

不大可能 …………………………………………………………………… 3

非常不可能(回答问题) …………………………………………………… 4

不知道(回答问题) ………………………………………………………… 5

3. 您认为您的老板会否为了工作给您配备一部移动电话?

不会……(回答问题) ……………………………………………………… 1

不知道…(回答问题) ……………………………………………………… 2

会……(继续) …………………………………………………………… ③

4. 如果您的老板已经给您配备了一部移动电话,您还会再购买一部供家庭使用吗?

会……(继续) …………………………………………………………… ①

不会…回答问题) ………………………………………………………… 2

不知道(回答问题) ………………………………………………………… 3

……

16. 您的年龄组:

25 岁以下 ………………………………………………………………… 1

15—44 岁 ………………………………………………………………… 2

45—64 岁 ………………………………………………………………… ③

65 岁以上 ………………………………………………………………… 4

拒绝、不回答或不知道 …………………………………………………… 5

17. 您的职业是:

经理、官员 ………………………………………………………………… ①

技术人员(医生、工程师、绘图员、程序员) …………………………… 2

办公人员(书记员、秘书) ………………………………………………… 3

营销人员 …………………………………………………………………… 4

工头或技工 ………………………………………………………………… 5

教师 ………………………………………………………………………… 6

家政人员 …………………………………………………………………… 7

失业人员 …………………………………………………………………… 8

拒绝回答 …………………………………………………………………… 9

资料来源:(美)小卡尔·迈克丹尼尔,罗杰·盖兹著.范秀成译著等译.当代市场调研(原书第四版).北京:机械工业出版社,2004 年 2 月第一版.

市场调研工作页

引导课文 6：在问卷上标出全部问题的编码后，需要编制一份编码手册（也称编码簿）发给负责问卷资料转换工作的人员，以便他们按编码手册的要求，统一进行资料转换工作。在编码手册中，调查者要将需要编码的项目和问题全部列出，逐一规定它们的代码、宽度、栏码、简要名称、答案赋值方式及其他特殊规定等等。请在项目负责人的主持下，查阅相关资料，阅读【调研实践】3-5，参考【案例】3-2、3-3 编制一份编码手册，写在下面的空白处。

【调研实践】3-5　关于编码手册

市场调查的样本规模通常都达到成百上千，一份调查问卷往往又包含几十个问题，因此问卷数据的转换任务很繁重。为了减少数据转换工作中的误差，保证数据的质量，调查者需要编制一份编码手册（也称编码簿）以便专业人员按编码手册，统一进行数据转换工作。

在编码手册中，调查者要将需要编码的项目和问题全部列出，逐一规定它们的代码、宽度、栏码、简要名称、答案赋值方式及其他特殊规定等等。整个编码手册的格式要规范统一，指示要明确，且容易理解，便于操作。

(1) 项目名称或问题代码——问卷中的问题。

(2) 变量名——问卷中实际测量的一个变量。因此，有时问卷中的一个问题包含着好几个变量。如问题 C1 就包含着 C1.1、C1.2、C1.3、C1.4 等 4 个变量，问题 F2 就包含着 F2.1、F2.2 两个变量。

(3) 含义——简要地指出该变量的内涵，是变量核心内容的反映。

(4) 宽度——是指被圆圈圈住的代码及每个问题的答案在数据记录中的对应位置。

(5) 栏码——是指编码在数据记录中应写入的位置。

(6) 编码——给每个问题及答案分配一个数字作为它的代码。

(7) 答案赋值——每一个答案的赋值安排，以及某些特殊形式答案的赋值方法，比如上例中对变量 A2、A8、A9、C1.1、C1.2、C1.3、C1.4、F2.1、F2.2 的答案赋值方法的说明。这一项十分关键，它可以说是编码手册的真正内容。在这一栏中，调查者要详细地标明每一个答案的赋值。

说明:对于填空形式的问题,问卷中无法标出具体答案,要求调查对象据实填答,这时就用调查对象所填写的数字作为答案的代码。比如填写年龄为25 岁,25 就是这个问题答案的代码。

【案例】3-2 编码手册案例:武汉市居民生活质量调查问卷示范性编码手册(节选)

项目名称或问题代码	变量名	含义	宽度	栏码	答案赋值
区	V	城区	1	1	1=武昌 2=汉阳 3=江汉 4=江岸 5=青山 6=桥口 7=洪山
个案号	ID	个案号	4	2～5	根据问卷上的编号填写
问题A1	A1	性别	1	6	1=男 2=女
问题A2	A2	年龄	2	7～8	按实际填答年龄填写,大于99岁的填99
问题A3	A3	文化程度	1	9	1=小学以下 2=初中 3=高中及中专 4=大专以上
……	……	……	……	……	……
问题A8	A8	个人收入	4	16～19	根据实际数据填写,10 000 元以上者,填9 999
问题A9	A9	全家收入	4	20～23	根据实际数据填写,10 000 元以上者,填9 999
……	……	……	……	……	……
问题C1	C1.1	有几人	1	39	1=完全清楚 2=大部分清楚 3=小部分清楚 4=不清楚
	C1.2	叫什么	1	40	同上
	C1.3	工作地点	1	41	同上
	C1.4	性格特点	1	42	同上
问题C2	C2	串门	1	43	1=每周一两次 2=每月一两次 3=半年一两次 4=一年一两次 5=从来不去
……	……	……	……	……	……
问题F2	F2.1	平日看电视的时间	3	120～122	将所填的小时数乘以60加上所填的分钟数,以总数计
	F2.2	周日看电视的时间	3	123～125	同上
……	……	……	……	……	……

资料来源:风笑天.现代社会调查方法(第三版).武汉:华中科技大学出版社,2005年3月第三版.

【案例】3-3　武汉市居民生活质量调查问卷(节选)

一、个人及家庭特征

A1　你的性别：　1 男　　2 女　　　　　　　　　　　　　　　6

A2　你的年龄：____岁　　　　　　　　　　　　　　　　　　7~8

A3　你的文化程度　　　　　　　　　　　　　　　　　　　　　9
　　1 学及以下　　2 初中
　　3 高中及中专　4 大专以上

A4　你的职业属于下列哪一类　　　　　　　　　　　　　　　　10
　　1 生产、运输工人和有关人员　　2 党政企事业单位负责人
　　3 党政企事业单位一般工作人员　4 各类专业技术人员
　　5 商业人员　6 服务业人员　7 个体经营人员　8 离、退休人员
　　9 其他职业人员(请写明)____

A5　你的婚姻状况　　　　　　　　　　　　　　　　　　　　　11
　　1 未婚　　2 已婚　　3 丧偶　　4 离婚　　5 其他

A6　(此题未婚者和无孩子者不填)　　　　　　　　　　　　　　12
　　请问你有几个孩子：____个
　　其中有几个和你住在一起：____个　　　　　　　　　　　　13

A7　你们家住在一起的有几口人：____人，　　　　　　　　　　14
　　总共是几代人：____代人　　　　　　　　　　　　　　　　15

A8　你每月的收入(包括工资、奖金、补贴等)总共有多少元：____元
　　　　　　　　　　　　　　　　　　　　　　　　　　　　16~19

A9　你们全家一个月的总收入大约是多少元：____元　　　　20~23

三、邻里关系

C1　你对隔壁或对门邻居家里的下列情况清楚吗 每行选一个格打钩

	完全清楚	大部分清楚	小部分清楚	不清楚
1 共有几个人				
2 叫什么名字				
3 在哪里工作				
4 个人性格特点				

C2　你们家的人常到隔壁或对门邻居家里串门、谈天或娱乐吗　　43
　　1 大约每周一两次　　2 大约每月一两次　　3 半年一两次
　　4 一年一两次　　　　5 从来不去

F2　一般情况下，你每天有多少时间用于看电视：____小时　　119
　　____分钟　　　　　　　　　　　　　　　　　　　　120~122
　　周末或节日，你每天有多少时间用于看电视：____小时
　　____分钟　　　　　　　　　　　　　　　　　　　　123~125

资料来源：风笑天.现代社会调查方法(第三版).武汉:华中科技大学出版社,2005年3月第三版。

小结与评价：

1. 学习行为表现监控。

说明：每项学习任务完成后，将监控结果汇总，分别加入团队和个人总成绩。

(1)教师观察每一个团队的学习表现：团队讨论情况、成员的参与情况、任务完成速度与质量等，并及时做好记录。

(2)学习委员记录课堂发言情况：姓名、发言频次等。

2. 项目负责人组织讨论，完成下列作业。

(1)市场调研领域经常说，在某种程度上，开放式问题的编码是一种艺术。你同意这种观点吗？为什么？

市场调研工作页

（2）在对问卷进行编码后发现，许多调查对象都选择了"其他"这一答案，这意味着什么？如何修正？

3. 学习任务结束后，按团队提交学习成果给任课教师。

任务 3-3　数据的转换与录入

任务背景：

完成了数据的确认、编辑整理以及编码后，为了便于后续计算机对资料的统计分析，接下来就要进行资料的转换与数据的录入工作。资料的转换就是将问卷中问题的回答转换成能够供计算机识别和统计的数字。数据的录入是指将调查信息从计算机不能识别的形式转换成为计算机能够识别的形式的过程。将数据录入计算机内，由计算机统计分析软件代替我们去做大量繁琐的运算，完成数据统计过程。

学习目标：

完成本项学习任务后，你应该能够：
1. 编制数据登录表；
2. 将数据转录到计算机 SPSS 统计分析软件。

学习任务描述：

在项目负责人的主持下，项目团队自行查阅有关书籍和资料，了解调查数据转换与录入的基本程序、方法和过程。将问卷上编好码的数据转换到数据登录表上，然后选择 SPSS 统计分析软件，把数据从数据登录表输入 SPSS 统计分析软件系统，完成数据录入。数据的转换与录入完成后，将完成的学习任务制作成 PPT，选派代表汇报。

学习成果：

1. 数据登录表；
2. 录入到 SPSS 中的数据表；
3. "小结与评价"中的 2 个讨论题。

建议学时： 4 学时。

学习与工作任务完成过程：

引导课文 1：数据录入的方式主要有两种：一种是直接从问卷上将编好码的数据输入计算机；另一种是将问卷上编好码的数据转录到专门的登录表上，然后再从登录表上将数据输入计算机。这两种方式哪种更好？请查阅相关书籍说明，并写在下面的空白处。

引导课文 2：现在，我们选择数据录入的第二种方式：先进行数据转换，即将编码手册上的数据转换到专门的登录表上，然后再从登录表上将数据输入计算机。参考【案例】3-4，为你们的问卷数据编制登录表，并填写在空白处。

【案例】3-4　数据登录表(节选)

项目或问题	城区	个案号	A1	A2	A3	A4	A5	A6.1	A6.2	……
栏码	1	2—5	6	7—8	9	10	11	12	13	……
个案 1	2	0387	2	39	3	2	2	1	1	……
个案 2	4	0441	2	41	2	3	4	1	0	……
个案 3	3	1024	1	50	2	5	2	2	1	……
个案 4	6	0036	1	28	3	7	1	0	0	……
个案 5	1	0189	2	30	4	1	1	0	0	……
个案 6	3	0816	2	44	1	6	2	2	1	……
……	……	……	……	……	……	……	……	……	……	……

资料来源:风笑天.现代社会调查方法(第三版).武汉:华中科技大学出版社,2005 年 3 月第三版.

引导课文 3:数据登录表编制完成后,选择 SPSS 统计分析软件,把数据从数据登录表输入 SPSS 统计分析软件系统,完成数据录入。

小结与评价:

1. 学习行为表现监控。

说明:每项学习任务完成后,将监控结果汇总,分别加入团队和个人总成绩。

(1)教师观察每一个团队的学习表现:团队讨论情况、成员的参与情况、任务完成速度与质量等,并及时做好记录。

(2)学习委员记录课堂发言情况:姓名、发言频次等。

2. 学习任务结束后,按团队提交学习成果给任课教师。

任务 3-4 数据的制表和图形化

任务背景：

统计表与统计图是调查数据经过整理编辑、编码录入、分组统计后所得结果的表现形式，在调研报告中经常会用到。市场调查人员要学会制作统计表与统计图。

最基本的统计表有两种：一是单项频次统计表，显示出就每一个问题调查对象给出的每一个可能答案的人数。使用单项频次表时，需要注意的问题是百分比的计算标准。二是交叉分组表，以显示一个问题的答案同其他一个或多个问题的答案之间的联系。交叉分组表是概括和分析调查结果的一种非常有效、又易于理解的方法。另外，对于特别重要的调查结果，还可以用图形更充分更有效地表达，常用的统计图有线形图、饼状图和柱形图。

学习目标：

完成本项学习任务后，你应该能够：
1. 制作单项频次统计表和交叉分组表；
2. 制作线形图、饼状图和柱形图。

学习任务描述：

在项目负责人的主持下，项目团队自行查阅有关书籍和资料，了解调查统计表和统计图的制作方法与程序，要学会制作单项频次统计表和交叉分组表，以及线形图、饼状图和柱形图。根据你们的调查结果制作完成统计表与统计图后，将完成的学习任务制作成 PPT，选派代表汇报；完成小结与评价中的讨论题。

学习成果：

1. 调查统计表；
2. 调查统计图；
3. "小结与评价"中的个讨论题。

建议学时：3 学时。

学习与工作任务完成过程:

引导课文 1:单项频次统计表显示了对每一问题作出每种可能答案的人数。单项频次表的【案例】3-5,案例表明,有人 114(占 48%)会选择圣保罗的医院,有 146 人(占 48.7%)选择明尼阿波斯的医院,有 10 人(占 3.3%)不知道选择哪一家医院。从表中可以看出,除频次外,单项频次表通常还给出每一问题可能答案的百分比。请查阅相关资料,弄清楚统计表的结构、包含的要素以及制作要求等,参考案例,制作单项频次表,填在下面的空白处。

【案例】3-5 单项频次表

问题 30 如果将来你或你的家人需要入院治疗,并且只能在明尼阿波斯的医院或圣保罗的医院住院,你会选择哪一个地方?

总数	300	100%
去圣保罗的医院	144	48.0%
去明尼阿波斯的医院	146	48.7%
不知道未回答	10	3.30%

资料来源:(美)小卡尔·迈克丹尼尔,罗杰·盖兹著.范秀成译著等译.当代市场调研(原书第四版).北京:机械工业出版社,2004 年 4 月 2 第一版.

市场调研工作页

引导课文 2：在使用单项频次表时，需要注意的一个问题是：选择百分比的基数。一般有三中选择：全部被调查者人数、需要回答具体问题的人数、作出回答的人数。请根据这一原理，参考【案例】3-6，分别选择三种百分比的基数，结合你们的调查数据，制作一份单项频次表，填写在下面的空白处。

【案例】3-6　三种基数下百分比的单项频次表

问题 35	你为什么不打算经常去亦黛美容院做皮肤护理？					
	调查对象总数	百分比	被问者	百分比	回答者	百分比
总数	300	100%	61	100%	56	100%
服务质量差	18	6%	18	28%	18	32%
服务项目少	17	6%	17	27%	17	30%
公众形象差	6	2%	6	9%	6	11%
规模小			4	1%	4	6%	4 7%
其他	11	4%	11	17%	11	20%
不知道/未回答	8	3%	8	13%		

【调研实践】3-6　为具有多种答案的单项频次表选定百分比基数

对于某些问题，调查对象可能选择多种答案。比如，要求调查对象列出记忆中的超市名称，多数人都会列出不止一家超市。因此，将答案列表时，答案的数量会超过调查对象的人数：100 名调查对象平均每人列出 3 家超市，就会得到 300 个答案。那么，单项频次表中答案的百分比以 100 为基数，还是以 300 为基数呢？通常情况下，在市场调研中，会采用前一种算法，即以调查对象的人数为基数计算百分比，因为调查者更感兴趣的是给出特定答案的人数。

【案例】3-7 交叉分组表(年龄与美容院选择的关系)

问题 20　如果你或你的家人需要去美容院长期做皮肤护理,并且只能在亦黛或天使两家美容院,你会选择哪一家?

	总数	百分比	18~34 岁	百分比	35~54 岁	百分比	55~64 岁	百分比
总数	300	100%	65	100%	83	100%	51	100%
去天使	144	48%	21	32.3%	40	48.2%	25	49%
去亦黛	146	48.7%	43	66.2%	40	48.2%	23	45.1%
不知道/未回答	10	3.3%	1	1.5%	3	3.6%	3	5.9%

引导课文 3:在市场调查实践中,有时要揭示不同变量之间的关系,这时就要用到交叉分组表。【案例】3-7 中的数据揭示了年龄与美容院选择之间的关系,年龄越大的女性越有可能选择天使美容院。请参考【案例】3-7、3-8 结合你们的调查数据,制作一份交叉分组表,填写在下面的空白处。

> **小提示**
>
> 交叉分组表为总结和分析调查结果提供了有效易懂的方法。每一次市场调查所得的数据都可以从不同的角度制作多个交叉分组表,至于要揭示哪些变量之间的关系,要与调查目的相契合。另外,大量的电子制表软件,如 Excel,和几乎所有的统计软件包,如 SPSS 都能够自动生成交叉分组表。

【案例】3-8　交叉分组表(性别与美容院选择的关系)

问题 20　如果你或你的家人需要去美容院长期做皮肤护理,并且只能在亦黛或天使两家美容院,你会选择哪一家?

	总数	百分比	男性	百分比	女性	百分比
总数	300	100%	67	100%	233	100%
去天使	265	88.3%	63	94%	202	86.7%
去亦黛	240	80%	53	79.1%	187	80.3%

引导课文 4:调研结果,特别是重要的调研结果,可以用图形更有效和充分的表达。线形图是所有图形中最简单的,尤其适用于表达在不同时间节点上的调查结果,如图所示:某产品在我国北部、西部、东部四季的销售情况与销售趋势。结合图,结合你们的调查数据,在下面的空白处制作一份线形图。

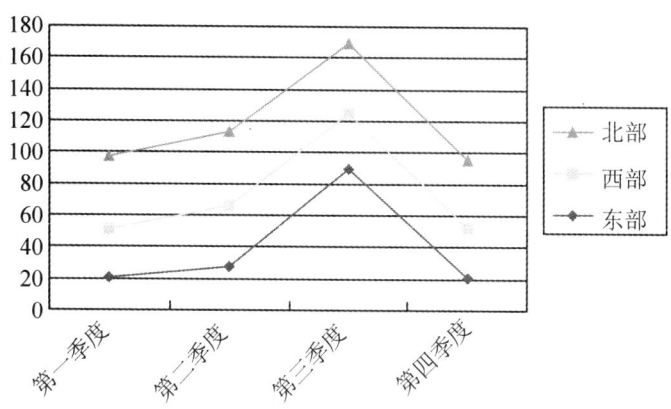

图 3-1　线形图

引导课文 5:除线形图外,饼状图是另一种较常用的图形。柱形图是最灵活的一种表现形式,任何可在线形图、饼状图表示的数据结果均可在柱形图中表达,而且许多不能表达的或不能在其他图形中有效表达的数据,也可用柱形图来表达。柱形图的表达形式多种多样。如图 3-2、3-3、3-4、3-5、3-6 所示。参考统计图 3-2 和 3-3,结合你们的调研数据,分别制作饼状图和柱形图。

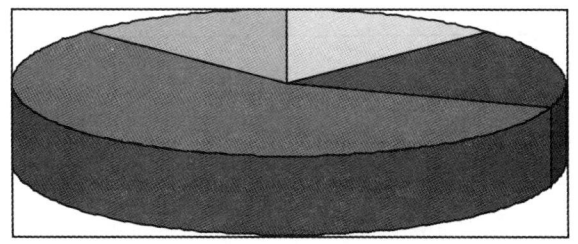

图 3-2 饼状图

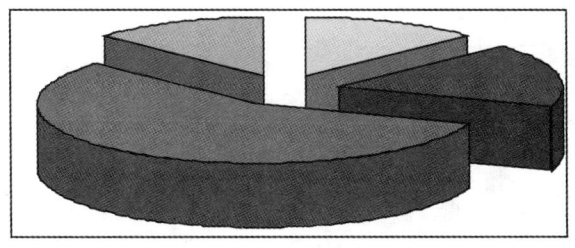

图 3-3 饼状图

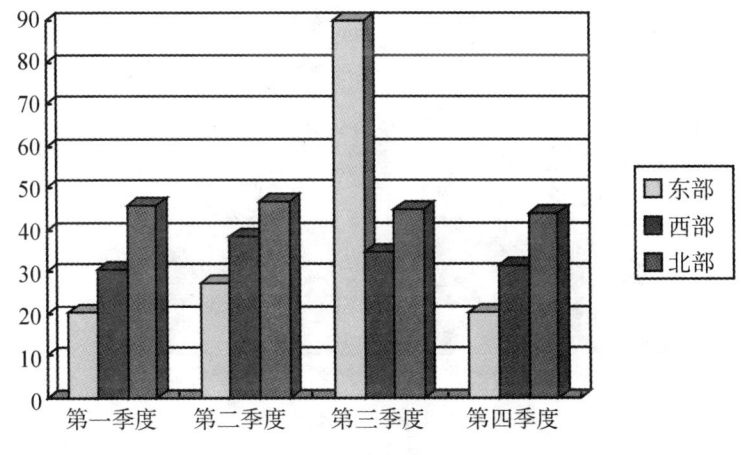

图 3-4 柱形图

	第一季度	第二季度	第三季度	第四季度
东部	20.4	27.4	90	20.4
西部	30.6	38.6	34.6	31.6
北部	45.9	46.9	45	43.9

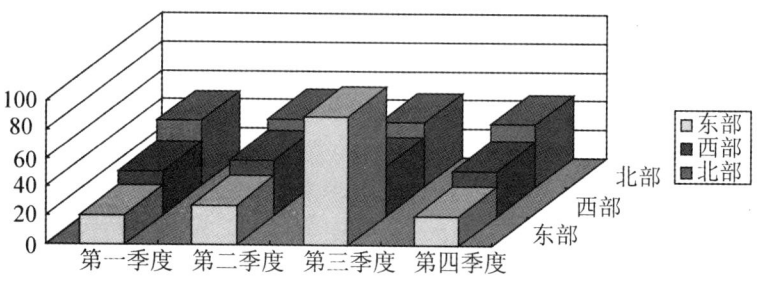

图 3-5　柱形图

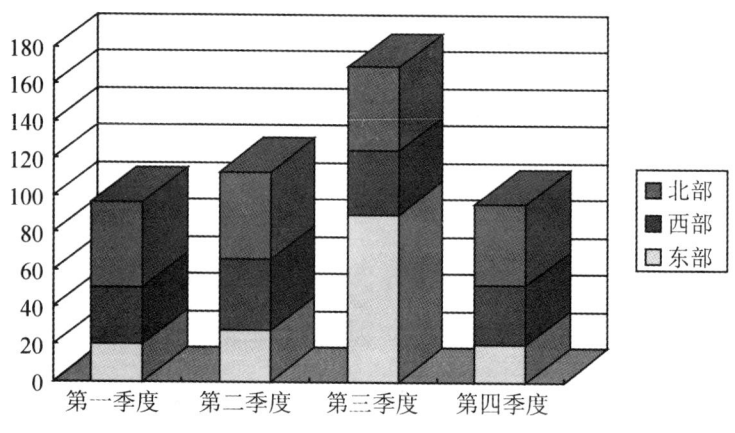

图 3-6　柱形图

小结与评价：

1. 学习行为表现监控。

说明：每项学习任务完成后，将监控结果汇总，分别加入团队和个人总成绩。

(1)教师观察每一个团队的学习表现:团队讨论情况、成员的参与情况、任务完成速度与质量等,并及时做好记录。

(2)学习委员记录课堂发言情况:姓名、发言频次等。

2. 请以项目团队为单位,讨论下列问题,选派代表汇报讨论结果。

(1)调查者认为,含有两个变量的交叉分组表比两个简单的单项频次表提供的信息要丰富得多。你认为如何?为什么?请举例说明。

(2)说明在单项频次表中使用百分比时可以选择的方法,并解释不同备选方案的适用条件。

3. 学习任务结束后,按团队提交学习成果给任课教师。

任务 3-5　数据的描述统计

任务背景:

调查所得的数据整理汇总后,需要进行系统的统计分析,才能揭示出调查数据所包含的众多信息,从而得出调研结论,因此,统计分析是市场调研中十分重要的一个环节。统计分析方法可以根据变量的多少划分为单变量分析、双变量分析和多变量分析。单变量分析包括单变量描述统计和单变量推论统计。根据本书的目的和要求,这里暂时只学习单变量描述统计。

最基本的单变量描述统计方法是估计集中趋势,如算术平均数、中位数和众数。算术平均数是把某一特定变量的所有观察值加总,再除以观察的次数,它只适用于等距或等比数据。中位数是指处于中间位置的观察值,有50%的观察值比它小。中位数适用于除类别数据外所有类型的数据。众数是指发生频次最高的数据值。到目前为止,算术平均数是反映集中趋势最常用的指标。

学习目标:

完成本项学习任务后,你应该能够:
1. 根据调查数据计算平均数;
2. 根据调查数据求得中位数和众数;
3. 根据所得的平均数、中位数和众数对调研结果的集中趋势进行描述。

学习任务描述:

本阶段最后一个也是最重要的任务就是数据的单变量描述统计。在项目负责人的主持下,项目团队自行查阅有关书籍和资料,弄清楚有关单变量描述统计知识,能够对调研结果进行频次分布情况分析,学会计算算术平均数、中位数和众数,并应用算术平均数、中位数和众数进行调查数据的集中趋势分析。将完成的学习任务制作成PPT,选派代表汇报;完成小结与评价中的讨论题。

学习成果:

1. 根据问卷调查求得的算术平均数、中位数和众数;
2. 对调研结果的集中趋势描述;
3. "小结与评价"中的讨论题。

建议学时: 2学时。

学习与工作任务完成过程：

引导课文1：单变量描述统计可以用频次分布表表示。在任务3-4数据的制表和图形化中，我们已经学会制作单项频次表。单项频次表显示一组数据中不同答案的频数相对于总数的比率分布情况，在市场调研中这种比率经常用百分比的形式来表示。参见【案例】3-5、3-6 单项频次表，结合每个团队自行编制的单项频次表讨论：频次分布表的作用是什么？频次分布表告诉了我们什么？请把讨论结果写在下面的空白处，并请口头表述。

引导课文2：单变量描述统计还可以用集中趋势分析来表示。请在项目负责人的主持下，查阅相关资料并讨论，什么是集中趋势分析？常见的集中趋势分析包括什么？请把讨论结果写在下面的空白处，并请口头表述。

市场调研工作页

引导课文 3：集中趋势分析中最常用的是算数平均数。请在项目负责人的主持下，查阅相关资料，讨论并解决下面的问题：

(1)什么是算数平均数？如何计算算数平均数？请把讨论结果写在下面的空白处，并准备口头表述。

(2)在你们的问卷中取一组数据，计算这组数据的平均数。

引导课文 4：集中趋势分析中也会用到中位数。请在项目负责人的主持下，查阅相关资料，讨论并解决下面的问题：

(1)什么是中位数？如何计算一组数据的中位数？请把讨论结果写在下面的空白处，并准备口头表述。

(2)在你们的问卷中取一组数据，计算这组数据的中位数。

引导课文 5：集中趋势分析中有时也会用到众数。请在项目负责人的主持下，查阅相关资料，讨论并解决下面的问题：

(1)什么是众数？如何计算一组数据的众数？请把讨论结果写在下面的空白处，并准备口头表述。

(2)在你们的问卷中取一组数据，计算这组数据的众数。

【调查实践】3-7　算术平均数、中位数和众数

在购物中心的一次拦截访问中,调查了 10 位喝可乐的消费者。询问他们每天喝多少听/瓶/杯可乐,调查对象的回答如下:

调查对象	每天喝的听/瓶/杯
1	2
2	2
3	3
4	2
5	5
6	1
7	2
8	2
9	10
10	1

算术平均数:3 听/瓶/杯

中位数:2 听/瓶/杯

众数:2 听/瓶/杯

小结与评价:

1. 学习行为表现监控。

说明:每项学习任务完成后,将监控结果汇总,分别加入团队和个人总成绩。

(1)教师观察每一个团队的学习表现:团队讨论情况、成员的参与情况、任务完成速度与质量等,并及时做好记录。

(2)学习委员记录课堂发言情况:姓名、发言频次等。

2. 请以项目团队为单位,讨论完成下面的作业,选派代表汇报结果。

(1)解释算术平均数、中位数和众数之间的差别。

(2) 计算下列数据组的平均数、中位数和众数

被调查者过去半年到访次数

被调查者	家乐福	沃尔马	新华都
01	4	7	2
02	5	11	16
03	13	21	3
04	6	0	1
05	9	18	14
06	3	6	8
07	2	0	1
08	21	3	7
09	4	11	9
10	14	13	5
11	7	7	12
12	8	3	25
13	8	3	9
14	6	8	7

平均数：

中位数：

众数：

(3) 调研人员进行了一次调查，以评估消费者对两个广告主题的赞许程度。下表显示的是大致的调查结果及按性别和地区分类后的结果。

不同性别和地区的消费者对两个广告主题的赞许程度

	总数	男	女	西雅图	泰克玛
合计	400	198	202	256	144
百分比	100%	100%	100%	100%	100%
喜欢"整装待发"	150	93	57	124	26
百分比	37.5%	47.0%	28.2%	48.4%	18.1%
喜欢"任何时间"	250	105	145	132	118
百分比	62.5%	53.0%	71.8%	51.6%	81.9%

资料来源：(美)小卡尔·迈克丹尼尔,罗杰·盖兹著.范秀成译著等译.当代市场调研(原书第四版).北京:机械工业出版社,2004年2月第一版.

问题：

A. 哪一个主题大致看来有更多的赞成者？

B. 这两个主题在男性和女性中受欢迎的程度呈何趋势？

C. 广告的主题在西雅图和泰克玛两地居民中是否具有同样的吸引力？

要求：以项目团队为单位讨论，找到解决问题的办法，解决问题，并把讨论结果写在相应的空白处，请口头汇报解决问题的结论。

3. 学习任务结束后，按团队提交学习成果给任课教师。

第四阶段

调研结果及其沟通

本阶段任务描述：

本阶段的学习性工作任务有两项：一是撰写书面调研报告，制作PPT，准备调研报告会上的口头汇报；二是策划与组织调研报告会，邀请委托方参加报告会。

市场调研部门完成调研任务后，要及时与委托方沟通调研结果。调研结果的沟通有两种形式：一是书面沟通，即向委托方提交书面调研报告。调研报告撰写的过程是运用沟通技巧的过程，撰写者要站在读者的角度仔细审核调研报告的质量，要考虑读者能否完全理解报告的意思，所以调研报告的撰写应把清晰、简洁、明了作为信息传递的目标；二是口头汇报。在调研报告会上，口头汇报可以借助汇报提要，具有视觉效果的PPT等，提高沟通的有效性。

本阶段学习目标：

通过本阶段的学习，你应该能够：

1. 在清楚认识调研报告的作用和写作规范的基础上，高质量撰写调研报告；
2. 借助PPT的视觉效果，准备口头汇报调研报告；
3. 有序做好调研报告会的策划与组织工作，撰写调研报告会策划书。

本阶段学习任务：

4-1　撰写书面调研报告；
4-2　策划与组织调研报告会。

建议学时：8学时。

任务 4-1　撰写书面调研报告

任务背景：

纽约地区的调研人员约翰经历过这样一件事情：有一次他受美国一家糖果制造商的委托，做了长达 6 个月的市场调研。调研结束后，他精心准备了一篇 250 页的调研报告。约翰直接向公司 3 名最高决策者作口头汇报。他信心百倍，自以为报告中有重大发现、有价值的结论和可行的建议，还有若干个可开发的新细分市场和若干条产品理念方面的创意。

约翰的报告里充满了事实、数据和图表，他整整汇报了一个小时。听完汇报后，糖果公司的总经理站起来说："打住吧，约翰！我听了一个多小时枯燥无聊的数字，完全给搞糊涂了，我想我并不需要一份比字典还要厚的调研报告。明天早晨点前，务必把一份 5 页纸的摘要放到我的办公桌上。"说完就离开了办公室。这件事让约翰遇到了使其受益于整个职业生涯的经验教训。

可见，无论调研过程策划得与调研目标多么一致，样本抽取得多么具有代表性，问卷设计得多么优质，数据收集质量控制得多么严格，数据分析得多么准确，如果不能撰写一份高质量的调研报告，不能把调研结果与决策者（委托方）有效沟通，调研过程的一切辛苦和努力都将付诸东流。

那么，决策者到底需要一份什么样的调研报告？调研报告到底应该起到怎样的作用？调研人员应该如何写好一份调研报告？如何进行口头汇报才能让决策者满意呢？

学习目标：

完成本项学习任务后，你应该能够：

1. 清楚陈述调研报告的作用；
2. 熟悉调研报告的书面表达规范、包含的要素和框架结构；
3. 高质量撰写调研报告：事实清楚、数据翔实、图文并茂、结论明确、建议可行；
4. 了解口头沟通技巧，精心准备好口头汇报摘要和提纲，做好具有创意的 PPT。

学习任务描述：

在项目负责人的主持下，项目团队自行查阅有关书籍和资料，了解、讨论、归纳调研报告的作用，调研报告的书面表达规范、包含的要素和框架结构，在此基础上撰写一篇高质量的调研报告，并制作PPT，做好口头汇报准备。

学习成果：

1. 书面调研报告一份；
2. 口头汇报材料一份（PPT）。

建议学时： 4学时。

学习性工作任务完成过程：

引导课文1： 调研数据统计分析结束后，调研人员就要着手撰写调研报告了。要写好调研报告不是件容易的事情，尤其对于第一次撰写报告的人更是困难。要想写好调研报告首先要清楚调研报告的作用。你必须明白，你的调研报告对决策者或委托方要起到什么作用？

请在项目负责人的主持下，查阅相关信息，讨论调研报告的作用，把讨论结果写在下面的空白处，并准备口头描述。

引导课文2： 通过上面的讨论，我们明确了调研报告对委托方或决策者应起到的作用。那么，如何表述你的调研报告，才能让它发挥应有的作用？这就涉及到调研报告的撰写规范和框架结构问题。请在项目主持人的带领下，每个项目团队收集两篇市场调研报告案例，带到课堂上来。结合这两篇调研报告讨论，并把讨论结果写在相应的空白处。

(1)调研报告应包含的要素及其主要内容

(2)调研报告的框架结构

【调研实践】4-1 营销调研报告格式范例

封　　面:1. 标题

　　　　　2. 委托方(客户)

　　　　　3. 调研公司(部门)

　　　　　4. 调研时间

目　　录:主要内容结构及标题

调研摘要:1. 调研目标的简要描述(为什么要调研)

　　　　　2. 调研方法的简要介绍(如何开展调研)

　　　　　3. 主要调研结果的简要陈述(调研中发现了什么)

　　　　　4. 结论与建议的简要陈述(得出什么结论,采取什么措施)

　　　　　5. 其他需要说明的信息

调研介绍:1. 调研人员及其职位

2. 调研历程及致谢

调研报告主体部分：

1. 实施调研的意图与背景
2. 调研方法：(1)研究类型
    (2)抽样设计：样本单位的界定、抽样方法的选择
    (3)资料的收集方法：问卷、访谈……
    (4)数据统计与分析方法
3. 调查结果与分析：调查结果介绍、解释性分析、统计图表的运用
4. 结论与建议

附 录：调查问卷、焦点小组访谈方案、访谈提纲、观察记录表……

引导课文 3：弄清楚了调研报告要包含的要素及其主要内容，也知道了调研报告的框架结构，现在结合你们的调查数据统计结果，起草调研报告吧。起草前可做好人员分工，每人写一部分，最后由一个人统稿；再集体讨论修改后定稿。

小提示 4-1 看其所想看

企业的高层管理者工作非常繁忙，他们对时间的要求非常苛刻。对于书面调研报告，委托方，尤其是企业的高层决策者，基本上是倾向于"看其所想看"。他们会下意识地漏掉不感兴趣的信息，或者漏掉和他们的预想不一致的看法，而是选择那些能够支持他们预想观念的特别信息。他们可能会略过报告中其他方面的描述，而直接看调研结果、结论和建议部分。因此，要在调研摘要中采取简洁的写法，把调研结果、结论和建议等信息简洁明确地传递给决策者。同时，要避免使用晦涩的文字和大量的专业术语。

【调研实践】4-2 调研结论与建议

如何根据调研结果总结结论以及如何依据结论提出建议呢？

结论是能够把调研结果有效地传递给使用者的一系列简洁的陈述，而不是统计分析数据。结论是一种归纳和概括，是对调研目标所提出的问题的回答，或者是为调研目标提供支持。建议则是经过演绎推导出来的，针对调研结论一一提出的简洁的陈述。

引导课文 4：调研报告写好后，请查阅相关资料，了解调研报告撰写中容易出现的一些问题和常犯的一些错误，以便借此评估所撰写的调研报告的质

量。把报告撰写中容易出现的问题和常犯的错误写在下面的空白处,并准备口头陈述。

引导课文 5:大多数客户或企业的高层决策者都希望能听到调研的口头汇报,原因之一就是他们根本没有时间仔细阅读书面调研报告。因此,书面调研报告写好后,要积极准备向委托方或决策者进行口头汇报。口头汇报一般在具有多媒体设备的会议室进行,请参考"小结与评价"中的评价指标,制作 PPT。口头汇报材料准备还包括:调研摘要复印件、调研报告复印件,并在调研报告会举办之前就分发给委托方或企业高层决策者。

市场调研工作页

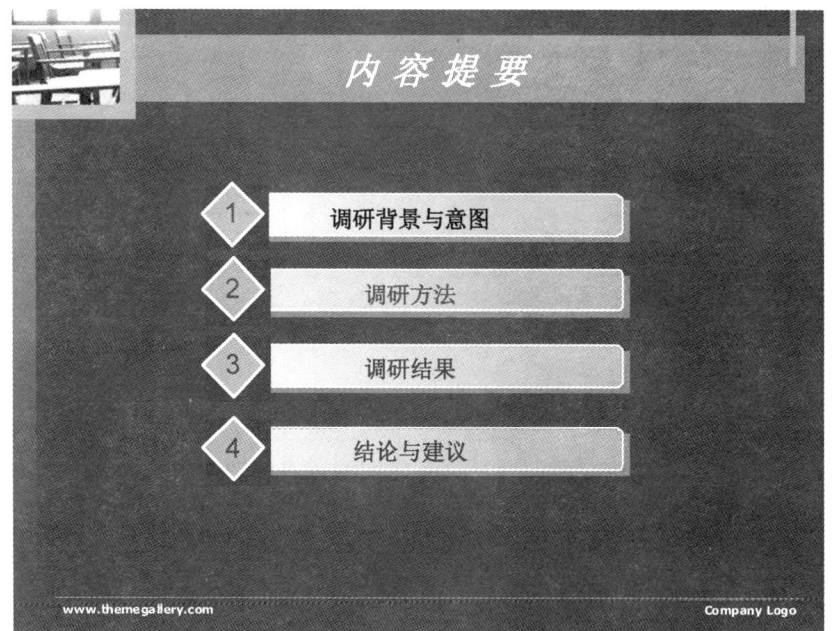

> 小提示　4-1　注意力集中度

每个人注意力集中的时间都是有限的。注意力集中时间的长短与听者对话题的感兴趣程度有关。调研人员对调研的口头汇报可能会长时间地保持注意,但委托方或决策者却习惯于对某一感兴趣的问题在短时间内保持高度注意。

小结与评价:

1. 学习行为表现监控。

说明:每项学习任务完成后,将监控结果汇总,分别加入团队和个人总成绩。

(1)教师观察每一个团队的学习表现:团队讨论情况、成员的参与情况、任务完成速度与质量等,并及时做好记录。

(2)学习委员记录课堂发言情况:姓名、发言频次等。

2. 书面调研报告评价与评分指标。

(1)调研报告能否反映调研方案中的各项目标(15分);

(2)调研中是否恰当运用了所选定的调查方法(15);

(3)调研结果是否从数据分析中得出的(15);
(4)从调研结果推出结论的过程是否符合逻辑(15);
(5)针对结论推出的建议是否严谨可行(15);
(6)文字表达是否流畅,简洁精炼(15);
(7)报告结构是否符合写作规范(15)。

任务 4-2　策划与组织调研报告会

任务背景：

大多数客户或企业的高层决策者都希望通过调研报告会的方式，听取调研的口头汇报，原因在于他们根本没有时间仔细阅读书面调研报告。报告会可以发挥多重作用，一是可以把多个群体集中在一起，共同听取调研过程及结果的完整汇报，让每个相关群体都清楚了解调研目的和采用的调研方法；二是可以突出调研结论，让调研使用者感受到报告的可信度和应用价值，促使决策者使用调研信息。

学习目标：

完成本项学习任务后，你应该能够：
1. 成立报告会策划组，撰写报告会策划书；
2. 成立报告口头汇报评委组，编制口头汇报评分指标。

学习任务描述：

在任课教师的主持下，成立调研报告会策划小组，对整个调研报告会的策划、组织实施进行全面的安排与布置。包括选定报告会的时间、地点，邀请企业嘉宾和专任教师嘉宾，抽签安排报告顺序，选定报告会主持人，会场多媒体设备检测，会场的布置（条幅的制作与悬挂，报告席、评委席、嘉宾席、观众席的安排）。

学习成果：

1. 调研报告会策划书一份；
2. 调研报告口头汇报评分指标一份。

建议学时： 4 学时。

学习性工作任务完成过程：

引导课文 1：学生自愿报名，组建调研报告会策划组，指定负责人，明确职责与分工，负责报告会的策划与组织实施工作。参考【案例】4-1 完成这一任务，并写在下面的空白处。

  1. 确定报告会策划组成员及负责人

  2. 明确策划组成员的职责与任务

  3. 策划人员分工

【案例】4-1　策划组成员职责与分工（2006 级学生作业）

  1. 确定报告会策划组成员
2006 级××专业学生：×××、×××、×××、×××
  2. 明确策划组成员的职责与任务
（1）负责报告会的整体策划，报告会会场控制与协调，以及人员分工安排；
（2）邀请评委老师；
（3）选定主持人；
（4）小组汇报顺序抽签；
（5）制作打印成绩评定表；

市场调研工作页

(6)会场布置:横幅、桌牌、评委用水;

(7)摄影与摄像;

3. 策划人员分工

(1)×××、×××——负责邀请评委老师

(2)×××、×××——负责与人力班沟通

(3)×××、×××——布置会场

(4)×××、×××——准备需要的道具

引导课文 2:根据报告会的策划与规定,策划组还要提出参加报告会的基本要求,具体包括总体要求、对报告人的要求、对主持人的要求、对评委组的要求等。请参考【案例】4-2,完成这项工作,并写在下面的空白处。

【案例】4-2 参加报告会的基本要求(2006级学生作业)

1. 总体要求

(1)每个调查小组写好市场调查报告后,制作好PPT,并推选一位同学代表小组汇报;

(2)每个调查小组写好市场调查报告后,打印5份,报告会前发给评委老师。

2. 对报告人的要求

(1)代表小组作报告,事先做好准备,精神饱满,从容自信;

(2)熟悉市场调查报告内容,语言表达流畅;

(3)报告时间控制在10分钟内。

3. 对主持人的要求

(1)写好主持词;

(2)仪表端庄自然,精神饱满,从容自信;

(3)熟悉报告会主题及报告顺序安排,语言流畅;

(4)具有现场控制协调能力。(比如发言时间的提示与控制)

4.对评委组的要求

针对调查报告内容、现场汇报情况和评分指标在成绩评定表上打分。

引导课文 3:策划方案是一种应用文体,具有特定的写作规范与格式要求。请查阅相关资料,了解策划方案的撰写要求,起草本次报告会策划方案,写在下面的空白处。

【案例】4-3 报告会策划方案的主要内容

1.确定报告会的主题:破传统教学模式,创自主学习新篇章

2.陈述报告会的背景和目的

一学期的"市场调研"课程结束了,在任课教师的指导下,每个团队都经历了市场调研的完整过程,完成了全部调研任务。为了向系领导、老师和同学们展示我们的学习成果,汇报我们的学习体会,举办这次市场调研报告会。

3.确定报告人

4.确定报告会主持人:×××、×××

5.确定报告会嘉宾与评委

(1)与会嘉宾:……

(2)评委老师:……

6.确定报告会的时间与地点

时间:2009 年 1 月 4 日上午 8:00—12:00

市场调研工作页

地点:砺志楼 B305

7. 确定报告会议程

时间	工作内容	执行人员
8:00—8:30	报告会前准备	市场调查报告会策划组
8:00—8:40	任课老师介绍课程教学改革情况	刘继芳(老师)
8:40—11:35	学生代表报告	06会展、06人力班报告小组代表
11:35—11:45	书记、主任点评	张艳、何小海书记、李贵荣主任
11:45—11:55	学生发表感言	李孟霞、张华锦、叶长权
11:45—12:00	成绩汇总,公布小组成绩	主持人
12:00—12:10	合影留念	全体与会人员

8. 确定报告顺序

时间	报告主题	报告人	报告时间
2009年1月4日上午8:30—12:00	漳职院学生对我院创建国家示范高职院校认知度调查报告	钏荣发	8:30—8:45
	漳州高职大学生兼职情况调查报告	阙艳媛	8:45—9:00
	漳职院通鑫食堂满意度调查报告	沈燕婷	9:00—9:15
	漳州大学生品牌消费观念调查报告	李玉琳	9:15—9:30
	漳州高校园区学生眼中的安踏产品调查报告	傅宏腾	9:30—9:45
	漳州市"大西洋月饼"品牌形象调查报告	林世雄	9:45—10:00
	中途休息5分钟		
	漳州芗城区各大型药店经营满意度调查报告	富晓雯	10:00—10:15
	漳州高校园区大学生手机选择倾向调查报告	林玲玲	10:15—10:30
	漳州市芗城区市民交通安全意识调查报告	刘宇翔	10:30—10:45
	漳州高校园区部分超市满意度调查报告	佘约平	10:45—11:15
	高校园区西洋公寓物业满意度调查报告	吴斐曼	11:15—11:30
	漳职院大学生"WAP"满意度调查报告	陈燕云	11:35—11:45

小结与评价:

1. 学习行为表现监控。

说明:每项学习任务完成后,将监控结果汇总,分别加入团队和个人总成绩。

(1)教师观察每一个团队的学习表现:团队讨论情况、成员的参与情况、任务完成速度与质量等,并及时做好记录。

（2）学习委员记录课堂发言情况：姓名、发言频次等。

2. 调研口头汇报评价与评分指标。

组别：　　汇报人：　　汇报内容：　　评价主体：

说明：监控：监控小组代表在做口头汇报时每种行为发生的频率。

评价："5"表示行为总是发生；"4"表示行为经常发生；

"3"表示行为较少发生；"2"表示行为很少发生；

"1"表示行为没有发生。

1. 身体表现

(1)站直,面向观众	5	4	3	2	1
(2)面部表情随着表达内容的变化而变化	5	4	3	2	1
(3)保持与观众眼神的交流	5	4	3	2	1
(4)适当的手势	5	4	3	2	1

2. 声音表现

(5)说话节奏平稳,语速适当	5	4	3	2	1
(6)用声调变化强调重点	5	4	3	2	1
(7)声音足够大,每一位听众都能够听清楚	5	4	3	2	1
(8)发音正确,吐字清晰	5	4	3	2	1

3. 语言表达

(9)表达时用词恰当准确	5	4	3	2	1
(10)信息组织逻辑清晰	5	4	3	2	1
(11)语言简练,不啰嗦	5	4	3	2	1
(12)表达流畅,语意完整	5	4	3	2	1
(13)结束时总结要点	5	4	3	2	1

4. PPT 制作

(14)利用多种字体和字号创建图表,有效利用字体加粗、变斜体、添加下划线等手段。	5	4	3	2	1
(15)调查结果展示采用统计图(饼状图、条形图、三维立体图)和统计表等形式。	5	4	3	2	1
(16)幻灯片展示中有效采用动漫效果和声音效果。	5	4	3	2	1
(17)幻灯片展示中有效采用声音效果。	5	4	3	2	1
(18)汇报中有效进行幻灯片切换,比如切入录像,以及添加音响效果等。	5	4	3	2	1
(19)幻灯片背景与内容色彩对比度强,画面清晰。	5	4	3	2	1
(20)尽量少地使用文字。	5	4	3	2	1

市场调研工作页

致 老 师

尊敬的老师：

您好！感谢您选择《市场调研工作页》作为市场调研课程的学生用书。这是一本在工学结合理念统领下，在赵志群博士《工学结合一体化课程开发指南》指导下开发完成的用于引导学生自主学习与完成工作任务的新型学习材料。

本工作页突破了以往教科书的编写体例与内容结构，力图实现学校学习内容与企业职业工作要求的直接和有效对接，使工学结合一体化课程教学实施成为可能。为了更好地发挥本工作页在行动导向教学实践中的作用，提出以下建议，共您参考。

一、您要完成教师角色的转变，作学生学习的合作者和支持者

在"市场调研"这门课程的教学中，您无疑是教学的设计者和主持者，您要带领学生步入市场，走进市场调研工作情境，引导他们在规定的教学时间内完成市场调研项目。

从学习的角度看，学生永远都是自己学习的主人，您首先是他们学习的合作者。您要为学生的自主学习提供充分的条件与空间，让他们以项目团队自我管理式学习方式，在自行设计、自行控制、自行实施、自行评价的学习情境中，完成调研项目，从而养成开放式的认识、思维和工作习惯，培养专业能力和关键能力。您还是学生自主学习的支持者，在学生需要时，指导他们搞好学习与工作计划，有序把握和推进学习与工作进程。

二、以行动导向思想指导教学，采取与其相契合的教学组织形式与教学方法

您要打破以往首先由教师讲解和示范，然后学生模仿和练习的从理论到应用的、违背人的认识规律的教学模式，让学生以项目团队自我管理式学习方式，围绕明确的调研目标，在引导课文的辅助下，通过完成每个阶段的综合性学习任务，学习调研方法与技术，提高调研策划、组织实施的综合能力；同时还要选择符合行动导向教学思想的教学方法，如头脑风暴法、案例教学法、角色

扮演法、项目教学法、引导课文教学法等。

三、把握课程教学目标，客观有效完成学生的学业评价

课程教学目标反映学生完成课程学习任务后要达到的学习效果和行为程度，既有对学习任务完成过程的质量要求，也有对学习与工作结果的质量要求，每个学习目标都要一一落实到具体的学习活动中。学习目标是学生学业评价的根本依据，学业评价可以与任务完成过程同步进行，相信学生并发挥他们的作用，与他们共同进行学习过程的质量控制与评价。您可以通过项目团队自评、团队间互评及您的监控与评价来共同实现对学生的学业评价。

四、拓宽教学环境与学习资源，实现真正的工学结合

在本工作页的引导下完成市场调研任务，要打破传统的课堂中心的教学模式，要把学生带到市场、带到企业、带到被调查者中间。最理想的状态是帮助企业策划与实施真实的调研项目，市场、企业是最好的实习实训基地。

培养学生在学习与工作中遇到问题时，有效利用教学资源，自觉查阅资料解决问题的意识、习惯和能力，也是本课程的目标之一。本工作页不提供或不完全提供调研专业知识，而是引导和建议学生查阅相关书籍或其他资料，学习理解完成工作任务所需的相关专业知识，最终达到完成工作任务的目的。

让我们携手共同致力于职业教育课程与教学改革，给予我们的学生一个能充分体现"学习的内容是工作，通过工作实现学习"的空间与情境，以期最终实现职业教育的培养目标。同时，也希望您将教学的感受或建议反馈给我们，以便能更好地修订我们共同的教科书。

祝您的教学顺利而成功！

编 者

2009 年 12 月

后　记

　　本套"工作页"丛书作为我院 2008—2009 年度国家示范性高职院校建设项目"课程体系与教学内容改革"的重要成果，历经一年多的努力，终于付梓面世。这项系统而复杂的改革课题于我们而言是一项巨大的挑战。一路走来，我们经历了理念转变与形成时的冲突与碰撞，研讨与交流时的风暴与交锋，设计与构思时的困惑与彷徨，起草与修改时的辛苦与无奈。当峰回路转，我们又感受了困惑与彷徨之后的顿悟与坚定，品尝了灵感闪现与观点生成之后的豁然与兴奋，体验了掩卷长舒之后的轻松与释然。同时更有一种崇高的"跨越苦难成就自我，疑惑丛生继续前行"的成就感与使命感的油然而生！

　　在本套丛书油墨的清香飘然而至之时，我们要表达对北京师范大学教育技术学院技术与职业教育研究所所长赵志群博士、广州市教育局辜东莲教研员最诚挚的谢意！也要感谢所有的参编人员——我们可亲可敬的同事们！他们在承担繁重的示范性建设任务和本职工作的同时，加班加点，精心设计，仔细推敲，数易其稿。本套丛书凝聚着他们锐意创新的勇气和投身课程改革的毅力，倾注了他们对莘莘学子的挚诚热爱和宝贵心血，更显示着他们不辞辛苦、无私奉献的精神境界！

　　本套"工作页"丛书作为课程与教学改革探索途中的新成果，已具雏形，但不免生涩，只希望能够抛砖引玉，促进职业教育课程与教学改革的进一步深入。同时丛书所留下的生涩与遗憾，只能在工学结合一体化课程的实施中得到不断的丰富与修正，在日后的修订中得到弥补和完善。

　　路漫漫其修远兮，吾将上下而求索！

丛书编者
2009 年 8 月

参考文献

1. (美)小卡尔·迈克丹尼尔,罗杰·盖兹著.范秀成等译.当代市场调研(原书第四版).北京:机械工业出版社,2004年2月

2. 风笑天.现代社会调查方法(第三版).武汉:华中科技大学出版社,2005年3月

3. 赵志群.职业教育工学结合一体化课程开发指南.北京:清华大学出版社,2009年5月

4. 庞柳军.汽车制动系统维修工作页.北京:人民交通出版社,2008年9月

图书在版编目(CIP)数据

市场调研工作页/刘继芳编著. —厦门:厦门大学出版社,2010.4(2013.7 重印)
(漳州职业技术学院国家示范性高职院校项目建设成果之课程与教学改革丛书)
ISBN 978-7-5615-3502-8

Ⅰ.市… Ⅱ.刘… Ⅲ.市场-调查-高等学校:技术学校-教学参考资料
Ⅳ.F713.52

中国版本图书馆 CIP 数据核字(2010)第 069222 号

厦门大学出版社出版发行
(地址:厦门市软件园二期望海路 39 号 邮编:361008)
http://www.xmupress.com
xmup @ public.xm.fj.cn
厦门市明亮彩印有限公司印刷
2010 年 4 月第 1 版 2013 年 7 月第 2 次印刷
开本:787×960 1/16 印张:8.5
插页:2 字数:150 千字
定价:16.00 元
本书如有印装质量问题请直接寄承印厂调换